Prüfungstraining

TestDaF digital

von
Rita von Eggeling,
Jens Magersuppe,
Magdalena Klasa,
Naomi Shafer
und Raimond Selke

Lizenzcode für blink Learning

SRME9C12

Lizenzcode
Lizenzart: für Lernende
Lizenzdauer (nach Aktivierung): 14 Monate
Einlösbar bis: 30.09.2028

Prüfungstraining

TestDaF digital

Im Auftrag des Verlages erarbeitet von Rita von Eggeling (Didaktisierung + Modelltest 1), Jens Magersuppe (Modelltest 2), Magdalena Klasa (Modelltest 3), Naomi Shafer (Zusätzliche Übungen 2–5) und Raimond Selke (Zusätzliche Übungen 1)

Für die Erstellung und Kommentierung der Lösungen bedanken wir uns bei Lonnie Wegener.

Redaktion: Karin Wagenblatt (verantwortliche Redakteurin und Projektleitung), Andrea Mackensen (Redaktionsleitung)

Beratung bei der Entwicklung der drei Modelltests: g.a.s.t. gesellschaft für akademische studienvorbereitung und testentwicklung e.v.
Gesellschaft für Akademische Studienvorbereitung und Testentwicklung e.V.

Umschlaggestaltung und Layoutkonzept: Studio SYBERG, Berlin
Layout und technische Umsetzung: graphitecture book & edition

Bildquellen: Cover: Cornelsen/SYBERG GbR
S. I/unten links: Gesellschaft für Akademische Studienvorbereitung und Testentwicklung e.V.; S. II: BlinkLearning S.L.; S. 2/m.: Gesellschaft für Akademische Studienvorbereitung und Testentwicklung e.V.; S. 4: BlinkLearning S.L.; S. 6/m.r.: BlinkLearning S.L.; S. 9: Shutterstock.com/IB Photography; S. 11: Shutterstock.com/paramouse; S. 29: Statista.com; S. 35: Cornelsen/Duden Learnattack GmbH – www.learnattack.de; S. III: Cornelsen/Jens Magersuppe; S. III: Cornelsen/Magdalena Klasa; S. III: Cornelsen/Michael Miethe; S. III: Cornelsen/Naomi Shafer; S. III: Cornelsen/Raimond Selke; S. IV/mitte: 2018 Cornelsen Verlag GmbH (Duden), Berlin

www.cornelsen.de

1. Auflage, 1. Druck 2024

Alle Drucke dieser Auflage sind inhaltlich unverändert und können im Unterricht nebeneinander verwendet werden.

Druck: AZ Druck und Datentechnik GmbH, Kempten

ISBN 978-3-06-123209-2

Vorwort

Liebe Leserinnen und Leser,

das vorliegende Prüfungstraining, das sich sowohl zum Selbstlernen als auch zum Lernen in Kleingruppen oder in Sprachkursen eignet, hilft Ihnen, sich gründlich und umfassend auf die digitale TestDaF-Prüfung vorzubereiten. Zu dem Prüfungstraining gehört neben dem Buch ein digitales E-Book mit über 300 weiteren Übungen und zwei weiteren Modelltests, sodass Sie sich auch in der digitalen Umgebung auf die Prüfung vorbereiten können.

In diesem Buch informieren wir Sie über den Aufbau der digitalen TestDaF-Prüfung und geben Ihnen einen Überblick über die Aufgabenformate und Textsorten, die Sie in den vier Prüfungsteilen erwarten. Darüber hinaus finden Sie hier Informationen über den Ablauf der Prüfung, die Bewertung und einen Modelltest mit kurzen Erklärungen und Tipps zur Lösung der jeweiligen Aufgabe.

Das E-Book in der BlinkLearning-Umgebung enthält zudem eine erweiterte und ausführliche Schritt-für-Schritt-Anleitung zum im Buch abgedruckten Modelltest mit zusätzlichen Aufgaben, Übungen, Tipps und Strategien sowie zwei zusätzliche Modelltests. Weitere Übungsmöglichkeiten bieten interaktive Übungen zu wichtigem Wortschatz und grammatischen Strukturen.

Die Lösungen zu Modelltest 1 finden Sie hinten im Buch. Alle anderen Lösungen sind digital hinterlegt und werden Ihnen nach Bearbeitung der Aufgaben angezeigt. Die Audio-Dateien und die Videos zu den Modulen Hören und Sprechen stehen Ihnen ebenso wie die Transkription der Hörtexte online mit dem Webcode **hixuye** zum Download zur Verfügung.

Wir möchten uns an dieser Stelle beim TestDaF-Institut für die ausführliche und freundliche Beratung bei der Entwicklung der Modellsätze unseres Prüfungstrainings sowie viele wertvolle Hinweise herzlich bedanken.

Wir wünschen Ihnen viel Erfolg bei der Prüfung TestDaF digital!

Die Autorinnen, Autoren und Redaktion

Inhaltsverzeichnis

Prüfungstraining zum digitalen TestDaF

Die TestDaF-Prüfung

Modelltest 1

Prüfungsteil Lesen

Prüfungsteil Hören

Prüfungsteil Schreiben

Prüfungsteil Sprechen

Mit über 250 Übungen auf BlinkLearning!

Prüfungstraining zu Modelltest 1

Modelltest 2

Modelltest 3

Wortschatz- und Grammatikübungen

Planung der Prüfungsvorbereitung

Ein deutsches Sprichwort sagt: „Aller Anfang ist schwer."
Anfangen kann aber auch ganz einfach sein!

Das Prüfungstraining zur digitalen TestDaF-Prüfung hält ein großes Modelltest- und Übungsangebot für Sie bereit. Damit Sie alleine, in einer Lerngruppe oder im Kurs Erfolg haben, sollten Sie vorab ein paar wichtige Fragen beantworten.

Kreuzen Sie zutreffende Antworten an.

1 Wissen Sie schon, was Sie in der Prüfung erwartet?

- ☐ Ja
- ☐ Nein

Wenn Sie noch nicht wissen, wie die Prüfung aussieht, keine Sorge! Sie finden alle wichtigen Informationen zur Prüfung auf den ersten Seiten im Buch.

2 Wo liegen Ihre Stärken?

- ☐ Lesen
- ☐ Hören
- ☐ Schreiben
- ☐ Sprechen

Was können Sie schon sehr gut? Was sollten Sie noch mehr üben?

3 Wie gut kennen Sie die digitale Testumgebung?

- ☐ gar nicht
- ☐ ein bisschen
- ☐ gut

Sehen Sie sich unbedingt die Erklärvideos zur digitalen TestDaF-Prüfung an.

4 Wie viel Zeit haben Sie für die Prüfungsvorbereitung?

- ☐ circa 20–25 Stunden
- ☐ bis zu 60 Stunden
- ☐ bis zu 120 Stunden und mehr

Legen Sie realistisch fest, wie viel Zeit Sie für die Prüfungsvorbereitung haben.

Erstellen Sie einen Lernplan! Die Informationen und Empfehlungen auf den Seiten 6 und 7 helfen Ihnen dabei.

Arbeit mit dem Trainingsangebot

Alle Informationen zur digitalen TestDaF-Prüfung

Lernen, wie die Prüfung funktioniert:

Prüfungsorganisation – Prüfungsteile – Bewertung

Modelltest 1

Training im Prüfungsformat:
Lesen – Hören – Schreiben – Sprechen

+ Hinweise zu den vier Prüfungsteilen
+ praktische Tipps zu jeder Aufgabe
+ kommentierte Lösungen und Lösungsbeispiele

Modelltest 1

Üben mit Modelltest 1 im digitalen Prüfungsformat:
Lesen – Hören – Schreiben – Sprechen

mit Lösungen bzw. Lösungsbeispielen

+ ausführliche Schritt-für-Schritt-Erläuterungen
+ Erklärvideos zu den digitalen Prüfungsformaten

Modelltest 2

Testtraining im digitalen Prüfungsformat:
Lesen – Hören – Schreiben – Sprechen

mit Lösungen bzw. Lösungsbeispielen

Modelltest 3

Testtraining im digitalen Prüfungsformat:
Lesen – Hören – Schreiben – Sprechen

mit Lösungen bzw. Lösungsbeispielen

Übungen zu Wortschatz und Grammatik

Üben für die Prüfung:

- deutsche Bildungssprache
- thematischer Wortschatz zu Natur, Wirtschaft, Gesellschaft, Sprache und Bildung
- Grammatik-Wiederholung

1 Wissen Sie schon, was Sie in der Prüfung erwartet?

Egal, wie Sie die Frage beantwortet haben: Sie sollten die Tipps für die Prüfungsvorbereitung → S. 10 und die allgemeinen Hinweise zu den Prüfungsteilen und die Übersicht über die Anforderungen zu jedem Aufgabentyp (Lesen → S. 18–19, Hören → S. 30–31, Schreiben → S. 39–40 und Sprechen → S. 43–44) unbedingt lesen.

2 Wo liegen Ihre Stärken?

Ihre Antworten auf diese Fragen deuten auf die Fertigkeiten hin, die Sie für die Prüfung in den drei Modelltests und insbesondere in den Übungen zu Modelltest 1 auf BlinkLearning trainieren sollten. Wenn Sie auf S. 5 z. B. Lesen und Hören angekreuzt haben, sollten Sie sich bei der Prüfungsvorbereitung umso intensiver auf die Prüfungsteile Schreiben und Sprechen konzentrieren.

3 Wie gut kennen Sie die digitale Testumgebung?

Sofern Sie die digitale Testumgebung (noch) nicht gut kennen, sollten Sie unbedingt die Tipps für die Prüfung auf S. 11 lesen und sich die Erklärvideos zu den digitalen Prüfungsformaten ansehen.

4 Wie viel Zeit haben Sie für die Prüfungsvorbereitung?

Planen Sie auch im Prüfungstraining mit realistischen Lernzeiten. In den vier Prüfungsteilen gibt es zu allen Aufgabentypen Zeitangaben, auf die Sie achten sollten.

Erstellen Sie einen Lernplan. Die Angaben in der Checkliste können Ihnen dabei helfen.

Prüfungsteil	circa 20–25 Stunden	bis zu 60 Stunden	bis zu 120 Stunden
Modelltest 1 im Buch	✓		
– Hinweise zu den Prüfungsteilen	✓	✓	✓
– Kommentierte Lösungen und Lösungsbeispiele	(✓)	(✓)	✓
Modelltest 1 in BlinkLearning			✓
– Schritt-für-Schritt-Erläuterungen	(✓)	✓	✓
– Erklärvideos zu den digitalen Aufgabenformaten	(✓)	(✓)	✓
Modelltest 2 in BlinkLearning		✓	✓
Modelltest 3 in BlinkLearning	(✓)	✓	✓
Übungen zu Wortschatz und Grammatik in BlinkLearning			✓

(✓) = bei Bedarf

Nutzen Sie alle sich bietenden Möglichkeiten, mit der deutschen Sprache in Kontakt zu treten. Sehen Sie sich zum Beispiel Filme oder Videoclips auf Deutsch an, hören Sie Podcasts und lesen Sie Texte in deutscher Sprache.

Von der Anmeldung bis zur Prüfung

Wie kann ich mich zur digitalen TestDaF-Prüfung anmelden?

Aktuelle TestDaF-Termine und Angaben zu Fristen finden Sie auf der Webseite des TestDaF-Instituts → www.testdaf.de. Dort können Sie sich auch für die digitale TestDaF-Prüfung anmelden.

Sie benötigen für die Online-Anmeldung zur digitalen TestDaF-Prüfung einen gültigen Personalausweis oder nationalen Pass und müssen ein Passfoto hochladen.

Im Anschluss an Ihre Anmeldung erhalten Sie eine Bestätigungsmail.

Der Anmeldeschluss liegt in der Regel acht Tage vor dem Prüfungstermin.

Was kann ich tun, wenn ich keine Bestätigungsmail erhalten habe?

Wenn Sie nach der Anmeldung zum digitalen TestDaF keine Bestätigungsmail erhalten haben, prüfen Sie bitte Ihre E-Mailadresse in Ihrem Teilnehmenden-Portal. Wenn Sie in Ihrem E-Mail-Postfach keine Bestätigungsmail finden können und Ihre E-Mail-Adresse korrekt ist, kontaktieren Sie das TestDaF-Institut über das → Online-Kontaktformular.

Wo finde ich Angaben zu Identitätskontrolle, Prüfungsbeginn und Prüfungsraum?

Nachdem Sie sich zum digitalen TestDaF angemeldet haben, können Sie ca. 5–6 Tage vor der Prüfung alle notwendigen Informationen zur Identitätskontrolle, zum Prüfungsbeginn und Prüfungsraum → online in Ihrem Teilnehmenden-Portal einsehen.

Worauf muss ich am Tag der digitalen TestDaF-Prüfung achten?

Kommen Sie unbedingt pünktlich, damit Sie genug Zeit für alle Formalitäten haben. So können Sie sich auch mit den Räumlichkeiten vertraut machen.

→ Online-Anmeldung
Melden Sie sich unter www.testdaf.de mit Ihrem gültigen Personalausweis oder nationalen Pass an. Sie benötigen auch ein aktuelles Passfoto zum Hochladen.

→ Bestätigungsmail vom TestDaF-Institut
Sehen Sie in Ihrem E-Mail-Postfach nach. Wenn Sie keine Bestätigungsmail erhalten, überprüfen Sie Ihre E-Mail-Adresse im TestDaF-Portal und andere Ordner in Ihrem E-Mail-Postfach.

Was muss ich zur digitalen TestDaF-Prüfung mitbringen?

Am Tag der Prüfung müssen Sie sich ausweisen können. Bringen Sie unbedingt das Ausweisdokument mit Passfoto mit, das Sie bei der Anmeldung verwendet haben.

Für Ihre eigenen Notizen während der Prüfung benötigen Sie einen Kugelschreiber, der blau oder schwarz schreibt.

Nach jedem Prüfungsteil gibt es eine Pause. Wir empfehlen Ihnen, für die Pausen Getränke und Snacks mitzunehmen.

Hilfsmittel wie Lehrmaterial, Wörterbücher, Smartphones oder eigene Aufzeichnungen sind während der gesamten TestDaF-Prüfung und in den Pausen nicht erlaubt!

Checkliste
- ☑ gültiges Ausweisdokument mit Passfoto
- ☑ Kugelschreiber
- ☑ Getränke & Snacks

Wie lange dauert die digitale TestDaF-Prüfung?

Die reine Prüfungszeit beträgt ca. 3 Stunden und 15 Minuten. Mit den vorgesehenen Pausen nach den Prüfungsteilen 1–3 dauert die digitale TestDaF-Prüfung insgesamt ca. 5–6 Stunden. Genauere Angaben erhalten Sie in Ihrem Testzentrum.

Die Durchführung der digitalen TestDaF-Prüfung kann wegen zusätzlicher Erprobungsaufgaben ca. 30 Minuten länger dauern.

Was erwartet mich während der digitalen TestDaF-Prüfung?

Im Prüfungsraum bearbeiten Sie die Testaufgaben zu den einzelnen Prüfungsteilen an einem Computer oder Laptop des Testzentrums. Zu Beginn erhalten Sie eine Einführung in die Bedienung des Programms und machen einen Technik-Check für Kopfhörer und Mikrofon.

Die Testaufgaben der einzelnen Prüfungsteile laufen nach Beginn der Prüfung automatisch ab. Sie können die Aufgaben nicht einzeln ansteuern oder in den Aufgaben zurückgehen.

Die Bearbeitungszeit wird Ihnen am Bildschirm angezeigt. Sie erhalten im Testzentrum Papier, um sich während der Prüfung Notizen zu machen.

→ am Prüfungstag
Kommen Sie unbedingt pünktlich und mit Ihrem gültigen Ausweisdokument zur Identitätskontrolle. Denken Sie auch an einen Kugelschreiber, Snacks und Getränke.

→ während der Prüfung
Sie werden am Computer oder Laptop in die Benutzeroberfläche eingeführt, machen einen Technik-Check für Kopfhörer und Mikrofon und erhalten Papier für Notizen.

Tipps für die Prüfungsvorbereitung

1 Wählen Sie den Termin für die digitale TestDaF-Prüfung sorgfältig aus.
Achten Sie bei der Anmeldung unbedingt darauf, dass Sie genug Zeit für die Prüfungsvorbereitung haben.

2 Verschaffen Sie sich einen Überblick über die Prüfungsteile.
Machen Sie sich mit dem Aufbau und der Struktur der vier Prüfungsteile Lesen, Hören, Sprechen und Schreiben bekannt. Je besser Sie das Format der digitalen TestDaF-Prüfung kennen, desto besser können Sie sich während der Prüfung auf die Aufgaben und Inhalte konzentrieren.

3 Lernen Sie die unterschiedlichen Aufgabentypen kennen.
Die Aufgabentypen der digitalen TestDaF-Prüfung sind standardisiert und laufen immer nach dem gleichen Muster nacheinander ab. Je besser Sie mit den Aufgabentypen vertraut sind, desto schneller verstehen Sie, worauf es in der jeweiligen Aufgabe ankommt.

4 Identifizieren Sie Ihre Stärken und Schwächen.
Überlegen Sie, welchen Prüfungsteil oder welche Aufgabentypen Sie am liebsten bearbeiten. So erhalten Sie auch wichtige Hinweise auf die Prüfungsteile und Aufgabentypen, die sie nicht so gerne bearbeiten, weil sie Ihnen möglicherweise noch Probleme bereiten. Diese Prüfungsteile sollten Sie gezielt trainieren!

5 Erstellen Sie sich einen Lernplan.
Überlegen Sie, wie viel Zeit Sie noch bis zur Prüfung haben. Legen Sie dann fest, wie Sie vorgehen möchten. Realistische Lernzeiten und erreichbare Lernziele sind dabei besonders wichtig. Ein Lernplan hilft Ihnen, die Vorbereitungen für die digitale TestDaF-Prüfung individuell nach Ihren eigenen Vorstellungen und Bedürfnissen zu gestalten.

Achten Sie auf realistische Lernzeiten!

6 Arbeiten Sie mit Notizen.
Notieren Sie sich während der Prüfungsvorbereitung neue Wörter, Strukturen und Redemittel, die Sie lernen möchten, sowie hilfreiche Strategien, die Sie anwenden möchten. Lesen Sie Ihre Notizen immer wieder durch.

7 Übung macht Meister!
Regelmäßiges Üben und Wiederholen ist die beste Vorbereitung. Nutzen Sie dazu auch die Übungs- und Testaufgaben auf → www.testdaf.de.

8 So geht's!
Sehen Sie sich die Erklärvideos an, um sich mit der digitalen TestDaF-Umgebung vertraut zu machen.

Tipps für die Prüfung

Worauf sollte ich während der Prüfung achten?

1. Lesen Sie die Aufgaben in allen Prüfungsteilen immer genau durch.
2. Achten Sie immer auf die Zeit.
3. Markieren Sie immer eine Lösung, auch wenn Sie sich nicht sicher sind. Es gibt keinen Punktabzug für falsche Lösungen.
4. Wenn Sie nach Bearbeitung der Aufgabe noch Zeit haben, kontrollieren Sie Ihre Ergebnisse und korrigieren Sie, falls nötig.

Was kann in der digitalen TestDaF-Prüfung schiefgehen?

Technische Probleme
Während der Einführung vor der Prüfung wird Ihnen im Testzentrum der Umgang mit dem Programm erklärt und ein Technik-Check mit Kopfhörer und Mikrofon durchgeführt. Sollte es dennoch während der Prüfung zu technischen Problemen kommen, melden Sie sich umgehend bei der Prüfungsaufsicht. Achten Sie darauf, die anderen Prüfungsteilnehmer*innen nicht zu stören!

Probleme mit der Tastatur
Erkundigen Sie sich im Testzentrum nach der Tastatur des Computers, an dem Sie geprüft werden. Auf einer deutschen Tastatur gibt es Tasten für *ß* und die Umlaute *ä, ö, ü*.

Falls Sie keine deutsche Tastatur in der Prüfung haben, machen Sie sich keine Sorgen. Bei der digitalen TestDaF-Prüfung stehen Ihnen am Rand der Schreibfelder immer die Umlaute und ß zur Verfügung.

Üben Sie flüssiges Tippen in deutscher Sprache!

Die Prüfungsteile

Lesen

Aufgabe 1 **1 Lesetext, Wortlücken ergänzen**
→ 5 Multiple-Choice-Aufgaben

Aufgabe 2 **1 Lesetext in 5 Textabschnitten**
→ Textabschnitte zu einem Text anordnen

Aufgabe 3 **1 Lesetext, 7 inhaltliche Fragen**
→ 7 Multiple-Choice-Aufgaben

Aufgabe 4 **1 Lesetext, 8 kommunikative Absichten**
→ 4 kommunikative Absichten 4 Aussagen aus dem Text zuordnen

Aufgabe 5 **1 Lesetext, 1 Tabelle**
→ 7 Aussagen 4 Kategorien zuordnen

Aufgabe 6 **1 Lesetext, 1 Tabelle**
→ 4 von 8 Aussagen kausalen Zusammenhängen zuordnen

Aufgabe 7 **1 Lesetext, 1 Grafik, 1 Zusammenfassung**
→ 3 inhaltlich falsche Sätze in der Zusammenfassung identifizieren

Gesamt **7 Aufgaben, 34 Items** **ca. 55 Min.**

Hören

Aufgabe 1 **1 Hörtext, 1 tabellarische Übersicht**
→ 5 Lücken in der Übersicht ergänzen

Aufgabe 2 **1 Hörtext, 1 Tabelle**
→ 4 Aussagen einem Begriffspaar zuordnen

Aufgabe 3 **1 Hörtext, 1 schriftliche Zusammenfassung**
→ 2 Fehler in Zusammenfassung markieren

Aufgabe 4 **1 Video, 1 Tabelle**
→ 6 Aussagen 4 Kategorien zuordnen

Aufgabe 5 **1 Video, 1 Tabelle**
→ 4 Kurzantworten zu 4 Gliederungspunkten ergänzen

Aufgabe 6 **1 Hörtext, 5 Fragen zum Inhalt**
→ 5 Multiple-Choice-Aufgaben

Aufgabe 7 **1 Hörtext, 1 Transkript des Hörtextes**
→ 4 Wörter im Transkript markieren

Gesamt **7 Aufgaben, 30 Items** **ca. 40 Min.**

Schreiben

Aufgabe 1 — **1 konkretes Thema, ggf. 2 Statements**
→ Stellungnahme: Vor- und Nachteile bzw. positive und negative Aspekte abwägen, Gründe nennen, Beispiele nennen und ggf. vorgegebene Statements berücksichtigen

Aufgabe 2 — **1 konkrete Fragestellung, 1 Lesetext, 1 Grafik**
→ Informationen aus Text und Grafik zusammenfassen

Gesamt	2 Aufgaben	ca. 60 Min.

Sprechen

Aufgabe 1 — **Schriftliche Erläuterung der Situation**
→ Ratschläge/Tipps geben

Aufgabe 2 — **Schriftliche Erläuterung der Situation**
→ Vor- und Nachteile / positive und negative Folgen abwägen, begründen

Aufgabe 3 — **1 Lesetext**
→ Text zusammenfassen

Aufgabe 4 — **1 Hörtext, 1 Grafik**
→ Informationen aus Hörtext und Grafik erfassen, Stellung nehmen

Aufgabe 5 — **1 Vortragsgliederung**
→ Sachverhalt beschreiben/präsentieren

Aufgabe 6 — **1 Hörtext**
→ Argumente wiedergeben, Stellung nehmen, begründen

Aufgabe 7 — **1 Veranstaltungsprogramm/Aushang**
→ Kritik äußern und begründen, ggf. Alternativvorschlag machen

Gesamt	7 Aufgaben	ca. 35 Min.

Bewertung der Prüfung und Zertifikat

Die Prüfungsteile Lesen, Hören, Schreiben und Sprechen werden im digitalen TestDaF getrennt ausgewertet und beurteilt.

Der Prüfungsteil Lesen und die Aufgaben 3, 4, 6 und 7 des Prüfungsteils Hören werden automatisch ausgewertet.

Ihre Antworten oder Lösungen werden in den Prüfungsteilen Lesen (Aufgaben 1–7) und Hören (Aufgaben 1–7) automatisch gespeichert und mit Ausnahme Ihrer schriftlichen Kurzantworten in Aufgaben 1, 2 und 5 aus dem Prüfungsteil Hören automatisch ausgewertet.

Erfahrene und speziell geschulte Prüfende des TestDaF-Instituts beurteilen die von Ihnen erbrachten Leistungen in den Aufgaben 1, 2 und 5 aus dem Prüfungsteil Hören, in den Aufgaben 1–7 aus dem Prüfungsteil Sprechen sowie in den Aufgaben 1 und 2 aus dem Prüfungsteil Schreiben anhand von vorgegebenen Kriterien.

Prüfungsteil Lesen
Im Prüfungsteil Lesen wird die automatisch ermittelte Anzahl der richtigen Antworten in Punktwerte auf einer Skala von 0–20 übertragen.

Prüfungsteil Hören
Im Prüfungsteil Hören wird die Anzahl der richtigen Antworten aus den Aufgaben 3, 4, 6 und 7 automatisch in Punktwerte auf einer Skala von 0–20 übertragen. Ihre schriftlichen Kurzantworten aus den Aufgaben 1, 2 und 5 werden anhand von vorgegebenen Kriterien von den Prüfenden bewertet.

Prüfungsteil Schreiben
Im Prüfungsteil Schreiben werden die von Ihnen erbrachten Leistungen aus den Aufgaben 1 und 2 von den Prüfenden des TestDaF-Instituts gelesen und bewertet. Bei der Bewertung Ihrer Texte achten die Prüfenden auf folgende Aspekte:

- Haben Sie in Ihrem Text das Thema der Aufgabe berücksichtigt?
- Haben Sie alle Punkte der Aufgabenstellung ausreichend berücksichtigt?
- Haben Sie die in der Aufgabenstellung geforderten Schreibhandlungen (z. B. Informationen aus einem Text und einer Grafik zusammenfassen oder einen argumentativen Text schreiben) erfolgreich umgesetzt?
- Haben Sie die in der Aufgabenstellung geforderten Informationen aus den Quellen korrekt und mit eigenen Worten zusammengefasst?
- Haben Sie sich angemessen und präzise ausgedrückt?
- Haben Sie in Ihrem Text grammatikalische Strukturen variiert?
- Haben Sie einen abwechslungsreichen Wortschatz verwendet?
- Haben Sie passende Redemittel verwendet?
- Ist Ihr Text trotz einiger Fehler noch verständlich?

Die so ermittelte Beurteilung wird in Punktwerte auf eine Skala von 0–20 übertragen.

Prüfungsteil Sprechen
Im Prüfungsteil Sprechen werden die von Ihnen erbrachten Leistungen aus den Aufgaben 1 bis 7 von Prüfenden des TestDaF-Instituts bewertet. Die Prüfenden achten bei der Bewertung Ihrer Äußerungen auf diese Aspekte:

- Haben Sie sich mit Ihrer Äußerung auf das Thema der Aufgabe bezogen?
- Haben Sie alle Punkte der Aufgabenstellung ausreichend berücksichtigt?

- Ist Ihre Äußerung hinsichtlich der Aufgabe und der Situation angemessen?
- Haben Sie die in der Aufgabenstellung geforderten Sprachhandlungen (z. B. Zusammenfassen, Abwägen, Kritik äußern, Stellung nehmen, Begründen, Vorschläge machen) erfolgreich umgesetzt?
- Haben Sie die geforderten Informationen aus den Quellen korrekt und mit eigenen Worten wiedergegeben oder zusammengefasst?
- Haben Sie flüssig, klar und verständlich gesprochen?
- Hat Ihre Aussprache und Intonation das Verstehen erleichtert?
- Haben Sie sich angemessen und präzise ausgedrückt?
- Haben Sie in Ihrem Text grammatikalische Strukturen variiert?
- Haben Sie einen abwechslungsreichen Wortschatz verwendet?
- Haben Sie passende Redemittel verwendet?
- Ist Ihre Äußerung trotz einiger Fehler noch verständlich?

Die so ermittelte Beurteilung wird in Punktwerte auf eine Skala von 0–20 übertragen.

Wie und wann erhalte ich das TestDaF-Ergebnis?

Sie können die Ergebnisse der digitalen TestDaF-Prüfung ca. 4 Wochen nach dem Prüfungstermin in Ihrem Teilnehmenden-Portal online einsehen.

Welchem TestDaF-Niveau (TDN) entspricht die erreichte Punktzahl?

Prüfungsteil	unter TDN 3	TDN 3	TDN 4	TDN 5
Lesen	0–4 Punkte	5–9 Punkte	10–15 Punkte	16–20 Punkte
Hören	0–4 Punkte	5–9 Punkte	10–15 Punkte	16–20 Punkte
Schreiben	0–4 Punkte	5–9 Punkte	10–15 Punkte	16–20 Punkte
Sprechen	0–4 Punkte	5–9 Punkte	10–15 Punkte	16–20 Punkte

Für jeden der vier Prüfungsteile wird die von Ihnen erreichte Punktzahl (jeweils 0 bis maximal 20 Punkte) in eine Skala übertragen, die das TestDaF-Niveau angibt. Anhand der Ergebnisse können sowohl Aussagen über Ihre Sprachkompetenz in den einzelnen Prüfungsteilen als auch Vergleiche zwischen den Prüfungsteilen gemacht werden. Eine Gesamtpunktzahl wird nicht berechnet.

Sie können die Prüfung beliebig oft wiederholen. Ergebnisse aus unterschiedlichen TestDaF-Prüfungen können aber nicht kombiniert werden.
Eine Wiederholung einzelner Prüfungsteile ist nicht möglich.

Beispielergebnis:

Lesen	17 Punkte	TDN 5
Hören	12 Punkte	TDN 4
Schreiben	14 Punkte	TDN 4
Sprechen	9 Punkte	TDN 3

Wie erhalte ich das TestDaF-Zertifikat?

Nach bestandener Prüfung können Sie das TestDaF-Zertifikat für den digitalen TestDaF ca. 4 Wochen nach dem Prüfungstermin in Ihrem Teilnehmenden-Portal online aufrufen und selbst ausdrucken. Das Zertifikat wird nicht an Sie oder das Testzentrum verschickt.

Prüfungsteil Lesen

Allgemeine Hinweise

Das Lesen von Sach- und Fachtexten sowie von allgemeinen Informationen zum Studium gehört im universitären Kontext zu Ihren täglichen Erfahrungen in der Vor- und Nachbereitung von Vorlesungen und Seminaren oder beim Verfassen von Referaten und schriftlichen Seminararbeiten. Dabei ist es z. B. wichtig, die Struktur eines Textes zu erfassen und zentrale Aussagen zu verstehen. Und genau darum geht es im Prüfungsteil Lesen auch.

Warum lese ich den Text oder die Grafik? Was möchte ich wissen?

Diese Fragen sollten Sie sich vor dem Lesen – sowohl in der Prüfung als auch im Studium – auf jeden Fall stellen. In der digitalen TestDaF-Prüfung gibt es in den insgesamt 7 standardisierten Aufgaben zum Prüfungsteil Lesen jeweils eine klare Aufgabenstellung, die die Leseabsicht nennt und genau angibt, was Sie tun sollen (s. Beispiel rechts). Übungen zur Unterstützung des besseren Aufgabenverständnisses finden Sie → online.

Lesen Sie die Textabschnitte rechts.

Bringen Sie die Textabschnitte in die richtige Reihenfolge.[1]
Ziehen Sie dafür die Textteile von rechts nach links.[2]
Es gibt genau eine richtige Reihenfolge.

Sie haben **5 Minuten** Zeit.

[1] Warum lese ich den Text?
[2] Was soll ich tun?

Wie viel Zeit habe ich? Wie teile ich die Zeit am besten ein?

Wie Sie im Beispiel oben sehen können, gibt die Aufgabenstellung im Prüfungsteil Lesen auch an, wie viel Zeit Sie für die Bearbeitung der Aufgabe haben. Tipps und Übungen zum Zeitmanagement während der Prüfung finden Sie → online.

Wenn Sie sich mit dem Test im Buch auf die Prüfung vorbereiten, können Sie z. B. den Timer auf Ihrem Smartphone benutzen, um die Zeit zu stoppen.

Wie identifiziere ich hilfreiche Lesestrategien?

Die Aufgabenstellung gibt oft schon wichtige Hinweise auf die Art, wie Sie den Text lesen und worauf Sie auf Text-, Satz- oder Wortebene besonders achten sollten. Zu dem Modelltest in diesem Buch gibt es für jede Aufgabe ein paar Strategietipps, die Sie bei der Bearbeitung unterstützen. Damit Sie auch während der Prüfung und im Studium selbstständig effiziente Lesestrategien auswählen und anwenden können, finden Sie → online hilfreiche Übungen.

Wie gehe ich in der digitalen TestDaF-Prüfung vor?

In der digitalen TestDaF-Prüfung erscheinen die Aufgaben 1–7 im Prüfungsteil Lesen automatisch nacheinander. Sie müssen alle Aufgaben innerhalb der vorgegebenen Zeit bearbeiten.

Nach Ablauf der vorgegebenen Zeit können Sie einmal abgeschlossene Aufgaben in der digitalen TestDaF-Prüfung nicht erneut aufrufen.

Übersicht

Prüfungsteil	Zeit	Seite
Aufgabe 1 In dieser Aufgabe müssen Sie einzelne Wörter ergänzen. Das Format testet Ihr Verständnis von Details, Schlüsselbegriffen und zentralen Aussagen in einem Text.	4 Min.	→ 18
Aufgabe 2 In Aufgabe 2 geht es darum, einzelne Textabschnitte in die richtige Reihenfolge zu bringen. Es wird getestet, wie gut Sie Verknüpfungen von Inhalten erkennen und wie gut Sie Informationen oder Argumentationswege nachvollziehen können.	5 Min.	→ 19
Aufgabe 3 In der Bearbeitung der Fragen zu den einzelnen Textabschnitten bzw. zum gesamten Text sollen Sie in dieser Aufgabe zeigen, wie gut Sie zentrale Aussagen, Details und implizite Informationen verstehen sowie Einstellungen und Haltungen zu einem Thema erkennen können.	15 Min.	→ 20
Aufgabe 4 Diese Aufgabe testet Ihr Verständnis impliziter und expliziter kommunikativer Absichten im Kontext, indem Sie einzelnen Aussagen konkrete Absichten des Autors / der Autorin (z. B. Empfehlung, Kritik, Warnung, etc.) zuordnen.	6 Min.	→ 23
Aufgabe 5 In Aufgabe 5 können Sie Ihre Fähigkeit, einen Text in seiner Gesamtheit zu verstehen, Zusammenhänge zu erkennen und Informationen einzuordnen, unter Beweis stellen, indem Sie Aussagen einer Kategorie zuordnen.	9 Min.	→ 24
Aufgabe 6 In dieser Aufgabe wird getestet, wie gut Sie kausale Zusammenhänge (z. B. Ursache und Wirkung oder Problem und Lösung) in einem Text identifizieren können.	7 Min.	→ 26
Aufgabe 7 Diese Aufgabe testet Ihre Fähigkeit, Informationen aus unterschiedlichen Quellen (Text und Grafik) mit einer kurzen Zusammenfassung abzugleichen. Dazu müssen Sie zentrale explizite und implizite Informationen erfassen und verknüpfen.	7 Min.	→ 28

Aufgabentyp 1

Lesen Sie den Lückentext.

Entscheiden Sie für jede Lücke, welches Wort passt. Kreuzen Sie an.
Für jede Lücke gibt es genau eine richtige Lösung.

Sie haben **4 Minuten** Zeit.

1. Worum geht es? Lesen Sie die Überschrift und überfliegen Sie den Lückentext.

Grünes Licht für Insekten als Lebensmittel

Außerhalb Europas gelten Insekten in vielen Kulturen als wichtige Proteinquelle in der Ernährung. Nun hat auch die europäische Lebensmittelbehörde EFSA den gelben Mehlwurm und die Heuschrecke als getrocknetes Insekt oder in Pulverform aufgrund wissenschaftlicher __1__ als gesundheitlich unbedenkliches Lebensmittel eingestuft. Aber möchten Europäerinnen und Europäer überhaupt Insekten essen?
Besonders die günstigen Mehlwürmer sind seit einiger Zeit schon als __2__ erlaubt, z. B. in Lebensmitteln wie Brot oder Nudeln. Dennoch ist ihr Verzehr in Europa bisher nicht weit verbreitet, obwohl sie deutlich weniger Wasser und Platz als Rinder, Schweine oder Geflügel benötigen und weniger Treibhausgas-Emissionen wie z. B. CO_2 __3__. Außerdem liegt der __4__ Anteil des Körpers von Speiseinsekten mit 80 % wesentlich höher als bei den üblichen Nutztieren aus der Landwirtschaft.
Aus diesen Gründen, so hoffen Ernährungsexperten und Klimaforscherinnen, könnten Heuschrecken, Mehlwürmer und andere Insekten __5__ als Fleischersatz, Snack oder auch in Form von Mehl auf Speisekarten in Berlin, London, Rom oder Paris landen.

1
- a Hinweise
- b Prozesse
- c Studien
- d Urteile

2
- a Beilage
- b Bestandteil
- c Inhalt
- d Zutat

3
- a begründen
- b fördern
- c reduzieren
- d verursachen

4
- a essbare
- b frische
- c leckere
- d ungiftige

5
- a bald
- b gerne
- c keineswegs
- d lange

2. Welches Wort passt inhaltlich am besten in die Lücke? Lesen Sie den Text und die Items a–d. Achten Sie auf den Kontext und wählen Sie ein Wort aus.

Aufgabentyp 2

Lesen Sie die Textabschnitte.

Bringen Sie die Textabschnitte in die richtige Reihenfolge. Notieren Sie dafür die Buchstaben a–e in den Kästen 1–5.
Es gibt genau eine richtige Reihenfolge.

Sie haben **5 Minuten** Zeit.

1. Worum geht es? Überfliegen Sie die Textabschnitte.

a

Das ist natürlich umso unerfreulicher, als dieser Tag laut Arbeitszeitgesetz (ArbZG) für die meisten Beschäftigten schon ein arbeitsfreier Tag ist.

b

Viel zitierte Vorbilder für eine solche Regelung finden sich schon im europäischen Ausland, etwa in Belgien, Spanien oder Großbritannien.

c

In Deutschland gibt es, je nach Bundesland, pro Jahr zehn bis zwölf gesetzliche Feiertage, d. h. arbeitsfreie Tage. Die Unterschiede in der Anzahl sind für viele Menschen aber gar nicht das eigentliche Problem.

d

Daher, argumentieren die Befürworterinnen und Befürworter einer Gesetzesänderung, müsse der verlorene freie Tag am darauffolgenden Tag, also am Montag, nachgeholt werden.

e

Vielmehr wird bundesweit immer dann über die gesetzliche Feiertagsregelung diskutiert, wenn beispielsweise der Tag der deutschen Einheit am 3. Oktober auf einen Sonntag fällt.

1 ☐ 2 ☐ 3 ☐ 4 ☐ 5 ☐

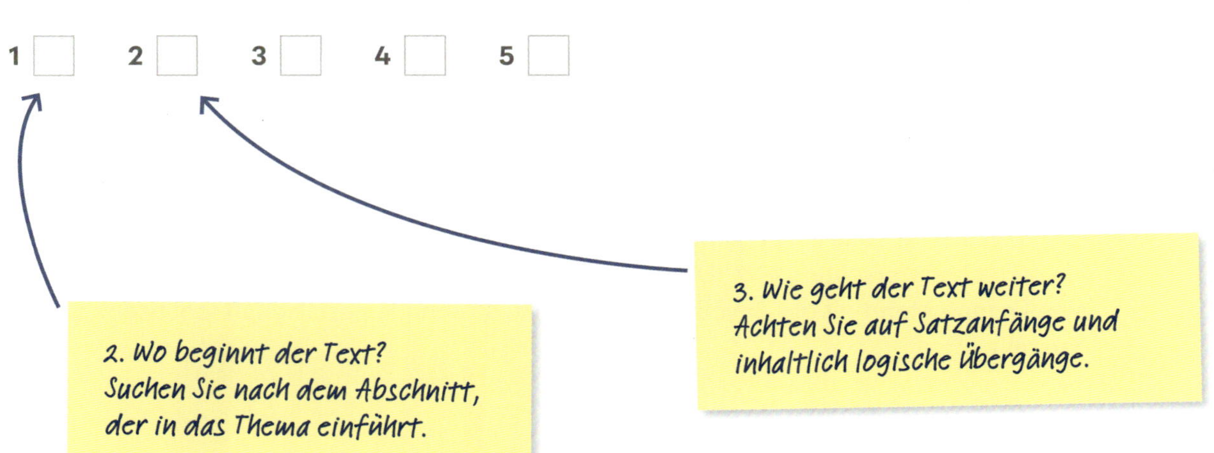

Aufgabentyp 3

Lesen Sie die Textabschnitte.

Beantworten Sie die Fragen 1–7.
Lesen Sie die Fragen und entscheiden Sie, welche Lösung passt. Kreuzen Sie an.
Für jede Frage gibt es genau eine richtige Lösung.

Sie haben **15 Minuten** Zeit.

1. Worum geht es? Lesen Sie den ersten Abschnitt genau.

1

Was wäre, wenn ...?

Ein Gedankenspiel sorgt in Expertengremien, in der Presse und auch in der Kaffeepause in der Firma oder ganz privat beim Grillfest mit Freunden immer wieder für hitzige Diskussionen. Die Annahme lautet: Wenn alle Menschen eines Landes monatlich vom Staat ein bedingungsloses Grundeinkommen (BGE) bekämen, also so viel Geld, wie sie zum Leben benötigen, zusätzlich zu ihrem Einkommen aus Erwerbstätigkeit oder möglichen Sozialleistungen, wäre das für alle gut. Niemand müsste sich dann noch Sorgen über den Wocheneinkauf, Wohnen, den Beitrag für den Sportverein oder die Tickets für das nächste Open-Air-Konzert machen. Die monatlichen Kosten für Lebensmittel, Miete und soziale Teilhabe wären kein Problem mehr.

Frage 1: In Absatz 1 wird gesagt, die Einführung eines bedingungslosen Grundeinkommens (BGE) sei ...

- **a** nicht die Lösung aller sozialen Probleme.
- **b** in anderen Ländern erfolgreich.
- **c** in der Bundesrepublik beschlossen.
- **d** in der Gesellschaft umstritten.

2. Welche Aussage passt am besten? Lesen Sie den Textabschnitt noch einmal und vergleichen Sie. Arbeiten Sie genauso weiter.

2

Während die Befürworter*innen das BGE für durchaus umsetzbar und begrüßenswert halten, fragen die Skeptiker*innen und Gegner*innen beharrlich nach der Finanzierbarkeit und den Auswirkungen, die diese staatliche Maßnahme in der Gesellschaft und auf dem Arbeitsmarkt hätte. Bemerkenswert ist hierbei, wer in der Öffentlichkeit das Wort für die eine und die andere Gruppe führt, denn zu den prominentesten Befürworter*innen gehören auch sehr erfolgreiche und angesehene Unternehmer*innen, während kritische Stimmen und strikte Ablehnung auch aus den Gewerkschaften und den Wohlfahrtsverbänden kommen. Es ist also eher kompliziert. Das zeigt sich auch in den Ergebnissen einer repräsentativen Umfrage des *Deutschen Instituts für Wirtschaftsforschung e. V.* (DIW) aus dem Sommer 2022, wonach das BGE weiterhin nur für eine knappe Mehrheit der Bevölkerung eine anzustrebende gesellschaftspolitische Lösung darstellt.

Frage 2: Welche der folgenden Aussagen fasst den Inhalt aus Absatz 2 zusammen?

a Das BGE wirft gesamtgesellschaftlich kaum noch ungeklärte Fragen auf.

b Die Ergebnisse aller bisherigen repräsentativen Umfragen sind eindeutig.

c Die gesellschaftliche Zugehörigkeit mancher Befürworter*innen und Gegner*innen ist überraschend.

d Die öffentliche Meinung zum BGE unterscheidet sich von den Umfrageergebnissen.

3

Von den 4.500 Menschen im Alter von 18 bis 84 Jahren, die in der Bundesrepublik zum Thema befragt wurden, sprachen sich insgesamt 53% für eine Einführung aus. Tendenziell begrüßen jüngere, gebildete oder ärmere Menschen das Konzept, das sie für zukunftsweisend halten. In Zeiten sozialer Unsicherheit und gesellschaftlichen Umbruchs könnten die Menschen mit einer finanziellen Grundsicherung den bezahlten oder unbezahlten Beschäftigungen nachgehen, für die sie sich tatsächlich begeistern, argumentieren die Befürworter*innen. Sie hätten u. a. auch mehr Zeit für ihre Familien, pflegebedürftige Angehörige und soziale Projekte. Maschinen und Computer würden sich den Aufgaben widmen, die nicht zwingend von Menschen übernommen werden müssen.

Frage 3: Laut Absatz 3 könnte das BGE ...

a den zu erwartenden sozialen Wandel sinnvoll unterstützen.

b für mehr Zuversicht und Zufriedenheit in der Gesellschaft sorgen.

c jungen Menschen in Studium und Ausbildung sowie den sozial Schwächeren helfen.

d zu einem geringeren Einsatz von Computern und Maschinen führen.

4

Da es in Deutschland bisher gar keine geeigneten Erfahrungswerte oder langfristig und breit angelegten Studien zu einem Leben mit einem bedingungslosen Grundeinkommen gibt, werden seit 2021 im *Pilotprojekt Grundeinkommen*, einem Gemeinschaftsprojekt des gemeinnützigen Vereins *Mein Grundeinkommen e. V.* und dem Deutschen Institut für Wirtschaftsforschung (DIW Berlin) unter Beteiligung von unabhängigen Wissenschaftler*innen der Universität Köln und des Max-Planck-Instituts zur Erforschung von Gemeinschaftsgütern, insgesamt drei Jahre lang endlich die zur Einschätzung nötigen Daten gesammelt und in drei aufeinander folgenden Studien ausgewertet. Besonders interessant: Auftraggeber*innen dieses Pilotprojekts sind die etwa 140.000 Privatpersonen, die die Grundeinkommen von jeweils 1.200 € mit ihren monatlichen Direktspenden an die Teilnehmenden über den gesamten Studienzeitraum hinweg finanzieren.

Frage 4: Laut Absatz 4 ist die Durchführung wissenschaftlicher Studien zum BGE ...

a kompliziert.

b kostenintensiv.

c notwendig.

d zeitaufwendig.

Tipp: Achten Sie darauf, was in dem Abschnitt konkret ausgesagt wird.

5

In ihrer Machbarkeitsstudie wollen die Wissenschaftler*innen untersuchen, ob ein BGE bei den Teilnehmenden sowohl individuell als auch kollektiv positive Wirkungen entfaltet, ob und wie es finanzierbar ist bzw. wie stark der Anreiz zu bezahlter Erwerbsarbeit tatsächlich sinkt. Bewerben konnten sich Personen, die mindestens 18 Jahre alt und in Deutschland wohnhaft waren. Nur 120 der insgesamt 1.500 ausgewählten Studienteilnehmer*innen sind die tatsächlichen Gewinner des BGE, welches sie zusätzlich zu ihrem Einkommen für eine Gesamtdauer von drei Jahren erhalten. Alle anderen sind in der Kontrollgruppe, die ebenfalls alle sechs Monate an den Online-Befragungen teilnimmt, aber kein BGE bekommt. Die Forschenden sind daran interessiert herauszufinden, welche Veränderungen das Einkommen im Alltag der Teilnehmer*innen hinsichtlich ihrer psychischen und körperlichen Gesundheit, ihrer Einstellung zur Erwerbsarbeit und zum Leben an sich bewirkt. So soll u. a. auch mittels Haarproben das Stresslevel einzelner Personen ermittelt werden.

Frage 5: Absatz 5 beschreibt die Studie hinsichtlich der Fragestellung, des Aufbaus, der Durchführung und ...

- **a** der Ergebnisse.
- **b** der Finanzierung.
- **c** der Statistik.
- **d** der Ziele.

Tipp: Merken Sie sich Items a–d und lesen Sie den Abschnitt noch einmal genau.

6

Nach Abschluss der Studie und einer wissenschaftlichen Auswertung der Daten, deren Ergebnisse in Kürze erwartet werden, werden die bisher eher philosophischen Fragen, ob mehr Geld langfristig tatsächlich kreativer, motivierter, entspannter, gesünder und glücklicher macht oder ob nach einer gewissen Zeit ein Gewöhnungseffekt eintritt, erstmals faktisch beantwortet werden können. Die viel größere Frage nach der politischen Umsetzbarkeit und Finanzierbarkeit des BGE, d. h. der Akzeptanz einer höheren Steuerlast in der Bevölkerung, und hier ganz besonders in den höheren Einkommensschichten, bleibt. Und sie wird die Politik, die Wissenschaft und die Zivilgesellschaft sicher noch länger beschäftigen.

Frage 6: Welche der folgenden Überschriften passt zu Absatz 6?

- **a** BGE offenbar finanzierbar
- **b** Breite Akzeptanz für das BGE
- **c** Politik nicht am BGE interessiert
- **d** Weitere Studien zum BGE nötig

Frage 7: Hauptanliegen des Textes ist es, ...

- **a** die Fachwelt über den Stand einer Studie zu informieren.
- **b** die wichtigsten Fragen zum BGE zu beantworten.
- **c** eine neue Studie infrage zu stellen.
- **d** über die aktuelle Diskussion und die Forschung zum BGE zu berichten.

Tipp: Frage 7 bezieht sich immer auf den ganzen Text. Lesen Sie die Angaben a–d genau. Lesen Sie dann die Abschnitte 1–7 und wählen Sie aus.

Aufgabentyp 4

Lesen Sie den Text.

Ordnen Sie die Textstellen 1–4 den Aussagen rechts zu.
Ergänzen Sie dafür die Zahlen aus dem Text vor den Aussagen rechts.
Die Zahlen beziehen sich immer auf den nachfolgenden Satz.
Für jede Textstelle gibt es genau eine richtige Lösung.

Sie haben **6 Minuten** Zeit.

Fliegen oder doch am Boden bleiben?

Ein Kommentar

„Wir fliegen im Sommer wieder in den Süden!“– Diese Ankündigung für die Ferien war lange gang und gäbe. **1** Heute könnte sie bei so manchem Gegenüber leicht auf kritisch hochgezogene Augenbrauen stoßen. Dabei war es doch so schön: Mal eben für wenig Geld zu einem Konzert nach Barcelona, zum Shoppen nach London, für ein Wochenende zu Freunden nach Hamburg oder mitten im Winter ein Kurztrip in die Sonne. Und das soll jetzt alles vorbei sein? Nein, soll es nicht! Jedenfalls nicht ganz und auch nicht für jeden. Nach dem Willen vieler Klimaschützer*innen müssten Flugreisen ins Ausland in erster Linie deutlich teurer werden. **2** Ihre Forderungen nach der kompletten Aufhebung der Steuerbefreiung auf Kerosin und der Abschaffung klimaschädlicher Inlandsflüge sind ebenfalls durchaus erstrebenswert, um mehr CO_2 einzusparen. Innerhalb Deutschlands und Europas wären Reisen mit der Bahn eine klimafreundliche Alternative. **3** Ob es allerdings, das soll an dieser Stelle nicht unerwähnt bleiben, in manchen Fällen nicht nur zeitaufwendiger, sondern auch deutlich teurer als Fliegen wäre, ist noch zu klären. Ganz besonders dann, wenn zusätzlich zu den Fahrtkosten, z. B. für die Bahnstrecke Hamburg – München – Hamburg mit einer Fahrtdauer von jeweils sechs bis sieben Stunden, noch Übernachtungskosten anfallen würden. In diesem Fall wäre die Durchsetzung eines Inlandsflugverbots in Hinblick auf vergleichbare internationale Flugreisen von München nach Paris mindestens fragwürdig. Viel sinnvoller wäre es vermutlich, wenn jeder die Notwendigkeit einer Flugreise selbst kritisch prüfen würde. **4** Denn wenn alle weiterhin nur an sich denken, haben bald alle ein Problem.

1. Worum geht es?
Lesen Sie die Überschrift und überfliegen Sie den Kommentar.

2. Lesen Sie die Aussagen a–h.
Achten Sie auf die Verben.

- ☐ Die Autorin begrüßt etwas.
- ☐ Die Autorin empfiehlt etwas.
- ☐ Die Autorin kritisiert etwas.
- ☐ Die Autorin lehnt etwas ab.
- ☐ Die Autorin vermutet etwas.
- ☐ Die Autorin warnt vor etwas.
- ☐ Die Autorin wendet etwas ein.
- ☐ Die Autorin zweifelt an etwas.

3. Was meint die Autorin? Lesen Sie die unterstrichenen Sätze noch einmal. Ordnen Sie jeweils eine passende Aussage zu.

Aufgabentyp 5

Lesen Sie den Text.

Ordnen Sie die Aussagen 1–7 zu. Entscheiden Sie für jede Aussage, ob sie zu Betrieb, zu Hochschule, zu beiden oder gar nicht passt.
Für jede Aufgabe gibt es genau eine richtige Lösung. Kreuzen Sie an.
Die Aussagen folgen nicht dem Textverlauf.

Sie haben **9 Minuten** Zeit.

1. Worum geht es? Lesen Sie die Überschrift und den ganzen Text einmal.

Duales Studium

Duale Studienmodelle haben sich in den letzten Jahrzehnten stark weiterentwickelt und sind heute in vielen Fachbereichen verfügbar. Sie bieten Studierenden die Möglichkeit, theoretisches Wissen aus der Universität, (Fach-)Hochschule oder Akademie mit praktischen Erfahrungen aus der Arbeitswelt zu verknüpfen.

Parallel zur Ausbildung im Unternehmen besuchen die Studierenden Vorlesungen und Seminare von Professor*innen und wissenschaftlichen Mitarbeiter*innen, die schon jahrelang in diesem Bereich forschen, und erwerben dort theoretisches Wissen in ihrem Fachbereich. In der Praxis können sie dann von Expert*innen lernen, ihre Fähigkeiten testen und eine realistische Vorstellung von den Arbeitsbedingungen in ihrem gewählten Berufsfeld erhalten. Auch die Lehrveranstaltungen sind stark auf das Berufsfeld ausgerichtet und sollen den Studierenden ein tiefes Verständnis der zugrundeliegenden Konzepte und Theorien ermöglichen.

An „echten" Projekten kann man zwar sowohl an der Hochschule als auch im Betrieb arbeiten, viele Betriebe verfügen aber zudem über internationale Kooperationspartner und ermöglichen den Studierenden, Erfahrungen in verschiedenen kulturellen und geographischen Kontexten zu sammeln. So können sie sich schon frühzeitig ein berufliches Netzwerk aufbauen. Auf der akademischen Seite hingegen bietet das duale Studium oft Zugang zu Ressourcen, die Auszubildenden normalerweise nicht zur Verfügung stehen. Im Umgang mit hochspezialisierten Geräten und Programmen, durch schriftliche Arbeiten und das Erstellen von Präsentationen lernen die Studierenden, Abläufe zu planen und ihre Gedanken zu ordnen und klar und effektiv zu kommunizieren. Im Betrieb sind diese Fähigkeiten eine wichtige Voraussetzung, um mit Kolleg*innen, Vorgesetzten und Kund*innen effektiv zu interagieren. Die Entwicklung von kritischem Hinterfragen wird in der Regel auf akademische Institutionen zurückgeführt, aber auch in den Unternehmen wird diese Fertigkeit weiterentwickelt, um kompetent Entscheidungen zu treffen, Prozesse zu verbessern oder auch innovative Lösungen für Kund*innen zu kreieren. Diese Erfahrungen können den zumeist jungen Erwachsenen in ihrer späteren beruflichen Laufbahn von großem Nutzen sein.

Interessanterweise bieten sowohl große Konzerne als auch kleine und mittlere Unternehmen (KMU) duale Studiengänge an. Die Unternehmen ermöglichen es den Studierenden, Einblicke in verschiedene Geschäftsmodelle und Unternehmenskulturen zu erhalten und einen guten Überblick über die Industrie zu gewinnen. Des Weiteren entwickeln viele duale Studiengänge innovative Lehrmethoden an den Hochschulen, beispielsweise im simulationsbasierten Lernen, bei dem die Studierenden reale Geschäftsszenarien in einer kontrollierten Umgebung bearbeiten, um die Verbindung zwischen Theorie und Praxis zu verbessern.

Ein weiterer Vorteil des dualen Studiums liegt in der finanziellen Unterstützung, denn viele Unternehmen bieten nicht nur eine Vergütung für die Arbeit an, sondern übernehmen auch die Studiengebühren. Aber auch von Seiten der Hochschulen gibt es Stipendien, die die Kosten decken.

2. Identifizieren Sie nun in den Aussagen 1 und 2 Schlüsselwörter. Überlegen Sie, wie man die Schlüsselwörter noch ausdrücken könnte, z. B. Bank – Geldinstitut.

	Hochschule	Betrieb	beide	passt nicht
1 Qualifizierte Fachleute vermitteln Wissen.	☐	☐	☐	☐
2 Teilnehmende können sich ein internationales Netzwerk aufbauen.	☐	☐	☐	☐
3 Hier wird man in einem geschützten Raum mit realen Situationen konfrontiert.	☐	☐	☐	☐
4 Studierende erhalten Einblicke in verschiedene Geschäftsmodelle.	☐	☐	☐	☐
5 Resilienz wird hier vorausgesetzt.	☐	☐	☐	☐
6 Hier wird kritisches Denken gefördert.	☐	☐	☐	☐
7 Die Finanzierung des Studiums kann übernommen werden.	☐	☐	☐	☐

3. Suchen Sie im Text nach den Schlüsselwörtern bzw. ähnlichen Ausdrücken. Arbeiten Sie bei den Aussagen 3–7 genauso weiter.

Aufgabentyp 6

Lesen Sie den Text.

Entscheiden Sie, welche Aussagen a–h stimmen. Ergänzen Sie die Buchstaben an der passenden Stelle in der Tabelle.

Es müssen vier Aussagen zugeordnet werden.

Sie haben **7 Minuten** Zeit.

1. Auf welche Kategorien müssen Sie beim Lesen achten? Sehen Sie in der Tabelle rechts nach. Lesen Sie dann die Überschrift und den ganzen Text einmal.

Emotion und Sprache

Glück, Überraschung, Enttäuschung, Ärger oder Wut sind nur einige Beispiele für die breite Palette unserer Gefühle. Täglich erleben wir viele unterschiedliche Emotionen. Wir nehmen etwas wahr, bewerten es, fühlen und reagieren entsprechend. Dabei können in dieser emotionalen Reaktionskette individuell unterschiedliche Gefühle entstehen, denn das, was bei einer Person ein Glücksgefühl hervorruft, kann bei einer anderen Person Enttäuschung oder Ärger verursachen.

Oftmals drücken wir diese Gefühle nonverbal aus: Eine gebeugte Körperhaltung und das Vermeiden von Blickkontakt können beispielsweise Angst, Scham oder Unsicherheit signalisieren. Meist geschieht das sogar völlig unbeabsichtigt. Viel schwieriger wird es aber, wenn wir unsere Gefühle bewusst beschreiben, also versprachlichen wollen. Das gilt übrigens sowohl für Kinder als auch für viele Jugendliche und Erwachsene.

In unserem Alltag verwenden wir dazu häufig übergeordnete Begriffe wie wütend, froh, traurig, gestresst etc. aus unserem Grundwortschatz. Sie drücken eher emotionale Spektren aus, woran grundsätzlich nichts auszusetzen ist. Dennoch ist es in vielen Situationen hilfreich, wenn die Gefühle genauer bezeichnet werden. Bedeutet beispielsweise „Ich bin total gestresst“, dass ich unsicher, überfordert oder nervös bin? Oder empfinde ich Glück, weil ich begeistert, erleichtert, dankbar oder entspannt bin? Hinter jedem dieser Adjektive verbirgt sich eine andere Gefühlsnuance. Wer Gefühle aussprechen und gut beschreiben kann, versteht sie auch besser, kann sie besser steuern und hat eindeutig größere Chancen, besser verstanden zu werden. Die Ausbildung unseres emotionalen Wortschatzes kann also positiv zur Entwicklung unserer emotionalen Kompetenz beitragen und unsere allgemeine Zufriedenheit und Lebensqualität nachhaltig beeinflussen.

Nicht zuletzt belegen auch viele wissenschaftliche Untersuchungen, dass diejenigen Menschen, die schon früh über ein breites Emotionsvokabular verfügen und daher besser kommunizieren können, was sie gerade empfinden, aufgrund ihres sprachlichen Vermögens auch ihr Verhalten in verschiedenen Situationen und gesellschaftlichen Kontexten effizienter regulieren können. Daher sprechen sich viele Psychologen, Verhaltensforscher und Pädagogen vehement dafür aus, schon im Kindergarten mit der gezielten Förderung der Jüngsten mithilfe von Büchern und Spielen zu beginnen. So kann den Kindern gezeigt werden, wie sie erfolgreich mit ihren eigenen und den Gefühlen anderer umgehen können.

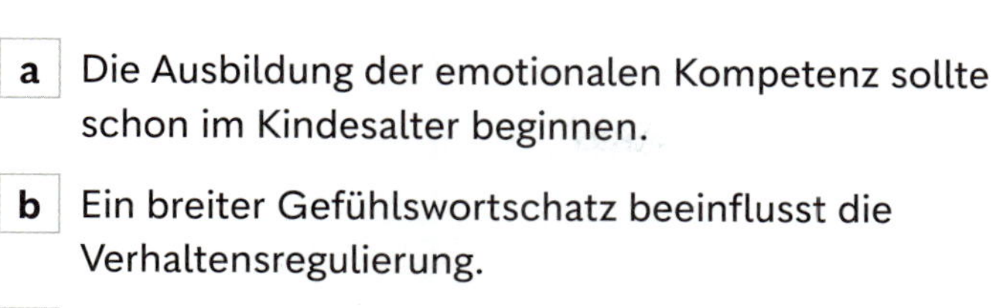

a Die Ausbildung der emotionalen Kompetenz sollte schon im Kindesalter beginnen.

b Ein breiter Gefühlswortschatz beeinflusst die Verhaltensregulierung.

c Emotionale Oberbegriffe sind nicht eindeutig.

d Es gibt nicht für jedes Gefühl ein passendes Wort.

e Kinder sollten früh lernen, ihre Emotionen nonverbal auszudrücken.

f Manchen Menschen fällt es schwer, die richtigen Worte für ihre Gefühle zu finden.

g Nonverbales Verhalten ist kulturell unterschiedlich.

h Wir sollten über den Einfluss von Sprache auf unser Leben nachdenken.

2. Was (hier: Probleme und Lösungen) wird auch im Text genannt? Lesen Sie die Aussagen a–h und ordnen Sie zu.

Emotion und Sprache	
Probleme:	**Lösungen:**

Tipp: Problem und Lösung müssen nicht zusammenpassen, d. h. die Lösungen müssen sich nicht auf die Probleme beziehen.

Aufgabentyp 7

Lesen Sie den Text. Beachten Sie auch die Informationen in der Grafik.

Unter der Grafik sehen Sie eine Zusammenfassung.
Die Zusammenfassung folgt nicht dem Textverlauf.
Markieren Sie die Sätze in der Zusammenfassung, die inhaltlich falsch sind.
Es gibt genau **drei** inhaltlich falsche Sätze.

Sie haben **7 Minuten** Zeit.

1. Worum geht es? Lesen Sie den Text und die Angaben in der Grafik rechts. Achten Sie auch auf die Überschriften.

Projekt der *Stiftung Lesen* unterstützt Eltern

Laut der letzten groß angelegten Studie zur Lese- und Schreibfähigkeit aus dem Jahr 2018 leben in Deutschland über 6 Mio. erwachsene Menschen, die sowohl beruflich als auch privat immer wieder auf Schwierigkeiten stoßen, weil sie auch nach ihrer Schulausbildung die Grundfertigkeiten Lesen und Schreiben nur unzureichend beherrschen. Alltägliche Dinge wie Formulare, Mietverträge, Rechnungen oder wichtige Anzeigen, z. B. im öffentlichen Personennahverkehr (ÖPNV), bereiten ihnen mehr oder weniger große Probleme. Da viele gelernt haben, geschickt mit ihrer Situation umzugehen, bleibt sie oft lange unbemerkt. Beispielsweise tragen Betroffene beim Besuch auf dem Amt einen Verband oder Gips an der Hand und bitten mit dem Hinweis auf ihre vermeintliche Verletzung darum, das Formular für sie auszufüllen. Oder sie behaupten ihre Brille vergessen zu haben und lassen sich vorlesen.

Ein weiteres Problem stellt sich bei den Betroffenen besonders dann ein, wenn die eigenen Kinder eingeschult werden. Eine sinnvolle Hausaufgabenbetreuung oder der Besuch von Elternabenden und Informationsveranstaltungen fallen unter Umständen aus, da sie die Eltern oder einen Elternteil völlig überfordern. Aus diesem Grund wurde das Projekt *Eltern Lesen Lernen* von der *Stiftung Lesen* ins Leben gerufen, das Fach- und Lehrkräfte in Kitas und Grundschulen in einer gezielten Maßnahme dazu ausbildet, Lese-Schreib-Schwächen bei den Eltern festzustellen, sie zum Lernen zu ermutigen und ihnen Schulungsangebote vorzustellen, die sie bedarfsgerecht und kostengünstig dabei unterstützen, besser lesen und schreiben zu lernen. Selbstverständlich stehen diese Angebote allen Betroffenen zur Verfügung. Allzu oft werden sie aber aus Scham, aufgrund von Versagensängsten, fehlendem Selbstvertrauen oder geringen Deutschkenntnissen nicht wahrgenommen.

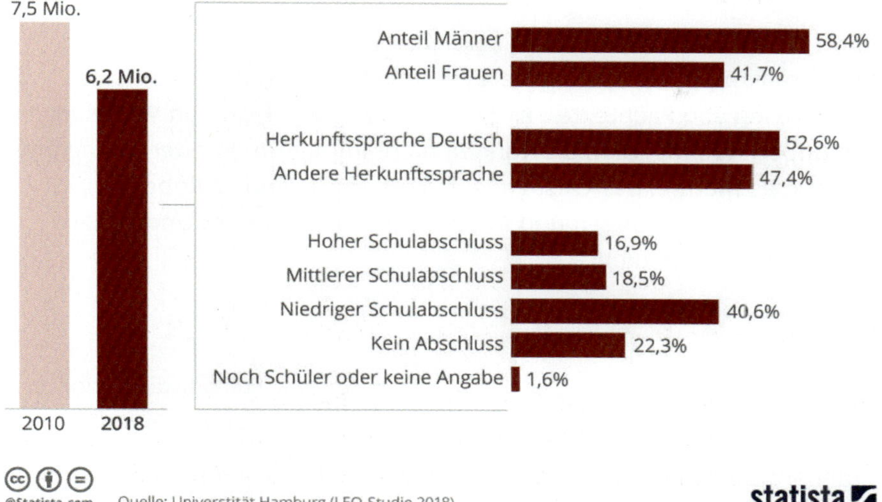

2. Lesen Sie nun die Zusammenfassung. Vergleichen Sie die Sätze aus der Zusammenfassung nacheinander mit dem Text und der Grafik. Achten Sie auch auf Details!

Zusammenfassung

[1] Viele Menschen in Deutschland können nach dem Besuch der Grundschule weder lesen noch schreiben. [2] Allerdings ist ihre Anzahl im Zeitraum von 2010 bis 2018 zurückgegangen. [3] Insgesamt gehören anteilig deutlich mehr Frauen als Männer zu dem ermittelten Personenkreis. [4] Auffällig ist die hohe Korrelation zwischen geringer Lese- und Schreibkompetenz und niedrigem Schulabschluss. [5] Dennoch meistern auch diese Menschen ihren Alltag. [6] Vermeidungsstrategien ermöglichen ihnen, nicht aufzufallen. [7] Um das Problem zu beheben, bietet die *Stiftung Lesen* Kurse zur Alphabetisierung an. [8] Das Projekt unterstützt bei der Beratung der Eltern. [9] Dieses Hilfsangebot wird jedoch nicht von allen angenommen.

Prüfungsteil Hören

Allgemeine Hinweise

Das Hörverstehen ist sowohl im privaten Alltag als auch im universitären Kontext sehr wichtig. Anders als beim Lesen von Fachtexten ist die Situation beim Hören in Vorlesungen, Seminaren oder Lerngruppen flüchtig, d. h. Sie können nicht immer um Wiederholung bitten oder nachfragen. Daher ist es wichtig, das Gesagte auf Wort-, Satz- und Textebene zu erfassen und zentrale Aussagen, Meinungen und Intentionen zu verstehen. Und genau darum geht es im Prüfungsteil Hören auch.

Worum geht es?

Diese Frage sollten Sie sich vor dem Hören in der digitalen TestDaF-Prüfung auf jeden Fall stellen. In den insgesamt 7 standardisierten Aufgaben zum Prüfungsteil Hören gibt es jeweils eine klare Aufgabenstellung (s. Beispiel rechts), die das Thema angibt, die Situation beschreibt und implizit oder explizit Hinweise auf die Sprechenden gibt. Achten Sie darauf, was Sie tun sollen und wie Sie bei der Bearbeitung der Aufgabe vorgehen sollen. Übungen zur Unterstützung des besseren Aufgabenverständnisses finden Sie → online.

Sie hören eine Podiumsdiskussion zum Thema „Barrierefreiheit und Inklusion“.[1] Sie hören das Gespräch **einmal**.

Notieren Sie für jede Person auf der linken Seite, welches Ziel die Person hat, und auf der rechten Seite eine dazugehörige Maßnahme in Stichpunkten.[2]

Nach dem Hören haben Sie **3 Minuten** Zeit, um Ihre Antworten zu kontrollieren.

[1] Situation und Thema
[2] Was soll ich tun?

Wie viel Zeit habe ich?

Wie Sie im Beispiel oben sehen können, erfahren Sie aus der Aufgabenstellung im Prüfungsteil Hören, wie viel Zeit Sie für die Vor- und/oder Nachbereitung haben. Tipps und Übungen zum Vorgehen während der Prüfung finden Sie → online.

Wie identifiziere ich hilfreiche Strategien zum Hörverstehen?

Die Aufgabenstellung gibt oft schon wichtige Hinweise auf die Art, wie Sie die Aufnahme hören und worauf Sie auf Text-, Satz- oder Wortebene besonders achten sollten. Der Modelltest in diesem Buch gibt Ihnen Tipps, die Sie bei der Bearbeitung der Aufgaben unterstützen. Damit Sie auch während der Prüfung und im Studium selbstständig effiziente Strategien zum Hörverstehen auswählen und anwenden können, finden Sie → online hilfreiche Übungen.

Wie gehe ich in der digitalen TestDaF-Prüfung vor?

In der digitalen TestDaF-Prüfung erscheinen die Aufgaben 1–7 im Prüfungsteil Hören automatisch nacheinander. Sie hören jeden Text nur einmal und müssen die Aufgaben innerhalb der vorgegebenen Zeit bearbeiten. Kontrollieren Sie Ihre Angaben in der dafür vorgesehenen Zeit nach dem Hören.

Versuchen Sie immer, alle Items zu beantworten. Bei falschen Angaben gibt es keinen Punktabzug.

Nach Ablauf der vorgegebenen Zeit können Sie einmal abgeschlossene Aufgaben in der digitalen TestDaF-Prüfung nicht erneut aufrufen.

Übersicht

Prüfungsteil	Zeit	Medium	Seite
Aufgabentyp 1 Sie hören ein Gespräch aus dem Studienalltag mit 2 oder 3 Personen. In dieser Aufgabe müssen Sie einzelne Wörter in einer Übersicht (z. B. Gesprächsnotiz) ergänzen. Das Format testet Ihr selektives und auch Ihr detailliertes Hörverstehen.	ca. 3:30 Min.	Audio	→ 32
Aufgabentyp 2 Sie hören eine Diskussion mit 2 oder 3 Personen. In dieser Aufgabe kommt es darauf an, konkrete Informationen, zentrale Aussagen und kausale Zusammenhänge zu verstehen und z. B. Ursachen und Folgen, Ziele und Maßnahmen oder Forderungen und Argumente zu unterscheiden.	ca. 5:30 Min.	Audio	→ 33
Aufgabentyp 3 Sie hören einen Vortrag oder eine Vorlesung. Diese Aufgabe testet Ihre Fähigkeit, die Informationen aus dem Vortrag mit einer schriftlichen Zusammenfassung abzugleichen. Dazu müssen Sie beim Hören die zentralen Aussagen erfassen und Wichtiges von Unwichtigem unterscheiden.	ca. 6:30 Min.	Audio	→ 34
Aufgabentyp 4 Sie sehen eine Diskussion mit 2 oder 3 Personen. In dieser Aufgabe zum globalen Hörverstehen können Sie zeigen, wie gut Sie die Aussagen der Sprechenden verstehen und unterscheiden können.	ca. 5:30 Min.	Video	→ 35
Aufgabentyp 5 Sie sehen einen Vortrag oder eine Vorlesung. In dieser Aufgabe sollen Sie zeigen, dass Sie in der Lage sind, einer Vorlesung zu folgen und sich sinnvolle Notizen zu den vorgegebenen Gliederungspunkten zu machen.	ca. 5:30 Min.	Video	→ 36
Aufgabentyp 6 Sie hören einen Vortrag oder eine Vorlesung. Je nach Item wird in dieser Aufgabe getestet, wie gut Sie die Informationen global oder im Detail verstehen. Einige Fragen können sich auch auf Meinungen, Einstellungen oder Absichten des Sprechers oder der Sprecherin beziehen.	ca. 6:50 Min.	Audio	→ 37
Aufgabentyp 7 Sie hören einen Beitrag zu einem allgemein bekannten Thema. In dieser Aufgabe kommt es darauf an, dass Sie sehr genau zuhören, um Fehler im Transkript zu identifizieren. Es kommt darauf an, dass Sie die Wörter richtig hören und wissen, wie sie geschrieben werden.	ca. 1:30 Min.	Audio	→ 38

Aufgabentyp 1

02

Sie hören ein Beratungsgespräch zwischen einem Studenten und seiner Mentorin Dr. Brandt zum Thema „Semesterplanung“. Sie hören das Gespräch **einmal**.

Ergänzen Sie beim Hören die fünf leeren Felder in der Gesprächsnotiz.
Schreiben Sie pro Feld maximal 2 Wörter.
Nach dem Hören haben Sie noch **20 Sekunden** Zeit, um Ihre Antworten zu kontrollieren.

Sie haben jetzt **15 Sekunden** Zeit, um sich die Gesprächsnotiz anzuschauen.

1. Worum geht es in dem Gespräch? Wer spricht? Lesen Sie die Aufgabenstellung.

2. Welche Informationen werden gesucht? Überfliegen Sie die Gesprächsnotiz.

Studienberatung für ______________ [1]	bei Dr. Ursula Brandt (Mentorin)
Institut für Biologie Paul-Ehrlich-Str. 4	Mi, 8:15 Uhr, Raum 527
Mail checken ⟶	Termin für ______________ [2]
Unbedingt Termin machen	IB, Frau Bauer, 5. Etage, Raum ______________ [3]
Physikalisches Praktikum	insgesamt 12 Semesterwochenstunden + 1 ______________ [4] in Physik
Spezialisierung Botanik/Mittelmeerraum	möglich
Erasmus+	ab 2. Studienjahr
Empfohlener Zeitpunkt für Auslands-semester:	im ______________ [5]
Sprachkurs	erst ab 2. Semester

3. Ergänzen Sie die Gesprächsnotiz während des Hörens. Die Gesprächsnotiz folgt nicht der Reihenfolge des Beratungsgesprächs!

Aufgabentyp 2

03

Sie hören eine Podiumsdiskussion zum Thema „Barrierefreiheit und Inklusion“. Sie hören das Gespräch **einmal**.

Notieren Sie für jede Person auf der linken Seite, welches Ziel die Person hat, und auf der rechten Seite eine dazugehörige Maßnahme in Stichpunkten.

Nach dem Hören haben Sie **3 Minuten** Zeit, um Ihre Antworten zu kontrollieren.

1. Worum geht es in der Diskussion? Wer spricht? Lesen Sie die Aufgabenstellung.

2. Worauf müssen Sie während des Hörens achten? Lesen Sie die Angaben in der Tabelle.

Herr Huber	
Ziel	**Maßnahme**
Notieren Sie hier nur das Ziel:	Notieren Sie hier nur eine Maßnahme:

Frau Jackisch	
Ziel	**Maßnahme**
Notieren Sie hier nur das Ziel:	Notieren Sie hier nur eine Maßnahme:

3. Notieren Sie während des Hörens Stichpunkte in der Tabelle. Wenn Sie eine Kurzantwort eingeben, ist die inhaltliche Korrektheit wichtiger als korrekte Rechtschreibung.

Aufgabentyp 3

04

Sie hören einen Ausschnitt aus einer Vorlesung im Fach Zukunftsforschung zum Thema „Megatrends“. Sie hören den Text **einmal**.

Machen Sie sich beim Hören Notizen. Sie müssen nicht jedes Detail notieren.

Markieren Sie die zwei Sätze in der Zusammenfassung, die falsche Informationen enthalten.

Nach dem Hören haben Sie **2 Minuten und 30 Sekunden** Zeit, um die Aufgabe zu bearbeiten.

1. Worum geht es in dem Vortrag? Lesen Sie die Aufgabenstellung.

WICHTIG: Decken Sie die Zusammenfassung unbedingt ab und lesen Sie sie erst nach dem Hören.

2. Notieren Sie wichtige Aussagen, während Sie den Vortrag hören. Notieren Sie keine Details.

Zusammenfassung

Die Erforschung zukunftsweisender Megatrends beruht auf der genauen und kontinuierlichen Betrachtung von sozialen, ökonomischen und technologischen Veränderungen. Erst nach 50 Jahren kann ein Megatrend benannt werden. Trendforscher*innen sammeln und beurteilen anhand wissenschaftlicher Methoden Alltagsbeobachtungen, die ihnen richtungsweisende Prognosen für die Zukunft ermöglichen. Wie die alltäglichen Trends im Konsumverhalten und die Trends in der Modebranche, zeichnen sich auch die Megatrends durch ihre Kurzlebigkeit aus. Weitere wesentliche Merkmale von Megatrends sind die globale Wirkung und ihr Eindringen in alle Lebensbereiche. Das kann man am Beispiel der Neo-Ökologie gut erkennen. Umweltbewusstsein und Nachhaltigkeit spielen heute weltweit schon in allen Lebensbereichen eine sehr große Rolle. Und das hat nicht nur Auswirkungen auf wichtige Entscheidungen, die in der Politik, der Wirtschaft und im Handel getroffen werden müssen, sondern auch auf technologische Entwicklungen, wie am Beispiel der Windkraft zu sehen ist.

3. Gleichen Sie Ihre Notizen mit der Zusammenfassung ab.

Aufgabentyp 4

01

Sie sehen eine Podiumsdiskussion zum Thema „Werbeverbot für Schokoriegel und Co". Sie sehen das Video **einmal**.

Kreuzen Sie an, zu wem die Aussagen 1–6 passen.
Für jede Aussage gibt es genau eine richtige Lösung.

Nach dem Video haben Sie **45 Sekunden** Zeit, um Ihre Antworten zu kontrollieren.

Sie haben jetzt **45 Sekunden** Zeit, um die Aussagen zu lesen.

1. Worum geht es in der Podiumsdiskussion? Lesen Sie die Aufgabenstellung und die Angaben in der Tabelle.

2. Wer sagt das? Kreuzen Sie während des Hörens jeweils eine Auswahlmöglichkeit an. Die Reihenfolge der Aussagen entspricht dem Gesprächsverlauf.

	Frau Senn	Herr Moll	beide	keiner
1 Verbote sind die beste Lösung.	☐	☐	☐	☐
2 Der Zusammenhang zwischen Übergewicht bei Kindern und Süßwarenkonsum ist statistisch belegt.	☐	☐	☐	☐
3 Kinder werden von den Herstellern zum Konsum von Süßigkeiten veranlasst.	☐	☐	☐	☐
4 Nicht nur Zucker, sondern auch zu viel Fett und Salz sind ungesund.	☐	☐	☐	☐
5 Gesunde Ernährung beginnt in der Familie.	☐	☐	☐	☐
6 Mehr Aufklärung ist kein zielführender Lösungsansatz.	☐	☐	☐	☐

Aufgabentyp 5

02

Sie sehen einen Ausschnitt aus einer Vorlesung im Fach Biochemie zum Thema „mRNA-basierte Impfungen“. Sie sehen das Video **einmal**.

Ergänzen Sie beim Hören die Gliederungspunkte in den Textfeldern in Stichpunkten.

Nach dem Video haben Sie **3 Minuten** Zeit, um Ihre Antworten zu kontrollieren.

Sie haben jetzt **10 Sekunden** Zeit die Gliederungspunkte zu lesen.

1. Worum geht es in der Vorlesung? Lesen Sie die Aufgabenstellung genau.

2. Worauf müssen Sie während des Hörens achten? Lesen Sie die vier Gliederungspunkte durch. Merken Sie sich für jeden Gliederungspunkt ein Schlüsselwort.

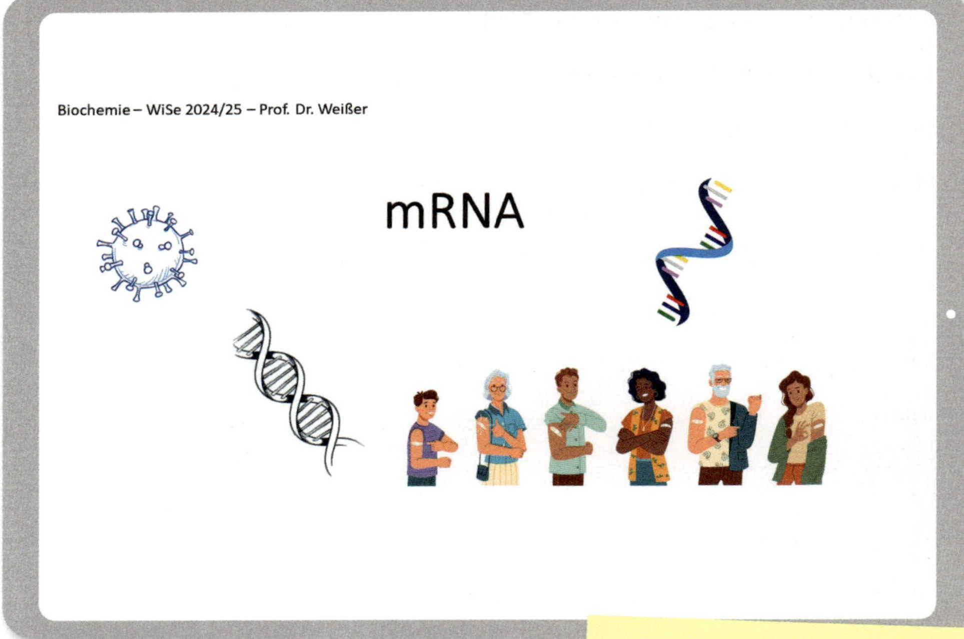

3. Notieren Sie während des Hörens Stichworte zu den Gliederungspunkten in der Tabelle. Die Reihenfolge der Gliederungspunkte stimmt mit dem Vortrag überein.

1 Zwei Vorteile von mRNA im Vergleich zu anderen Impfungen:	
2 Grund für die schnelle Entwicklung der mRNA-basierten Impfung:	
3 Widerlegte Befürchtung von mRNA-Kritikern:	
4 Reaktion des Körpers auf eine Virusinfektion nach der Impfung:	

Tipp: Sie müssen keine ganzen Sätze schreiben.

Aufgabentyp 6

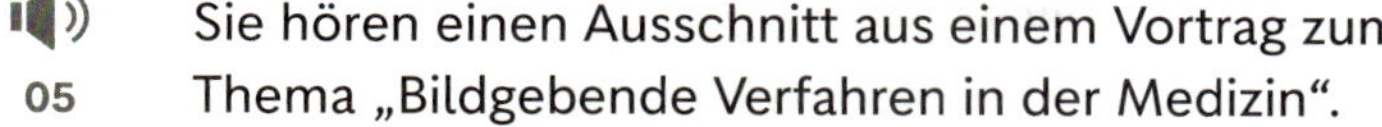

05

Sie hören einen Ausschnitt aus einem Vortrag zum Thema „Bildgebende Verfahren in der Medizin“. Sie hören den Text **einmal**.

1. Worum geht es in dem Vortrag? Lesen Sie die Aufgabenstellung.

Beantworten Sie die Fragen 1–5. Entscheiden Sie, welche Lösung passt und kreuzen Sie an.

Für jede Frage gibt es genau eine richtige Lösung.

Nach dem Hören haben Sie **1 Minute und 30 Sekunden** Zeit, um Ihre Antworten zu kontrollieren. Sie haben jetzt **1 Minute und 30 Sekunden** Zeit, um die Fragen zu lesen.

1 In der Vorlesung ...

- **a** werden medizinische Heilverfahren vorgestellt.
- **b** werden neuste Entwicklungen in der Diagnostik vorgestellt.
- **c** werden physikalische Grundsätze eingeführt.
- **d** wird die Geschichte der Medizintechnik behandelt.

2. Lesen Sie die Items 1–5. Achten Sie dabei auf die Zeit!

2 Mit modernen Verfahren in der Gerätemedizin können Ärzt*innen ...

- **a** das Körperinnere sichtbar machen.
- **b** hohe Behandlungskosten vermeiden.
- **c** Patient*innen zu Hause untersuchen.
- **d** innere Verletzungen verhindern.

3. Kreuzen Sie während des Hörens zu jedem Item eine Antwortmöglichkeit an. Die Reihenfolge der Items folgt dem Vortrag.

3 Das Röntgenverfahren mit X-Strahlen ...

- **a** sollte heute nicht mehr zur Anwendung kommen.
- **b** wird heutzutage als zukunftsweisend angesehen.
- **c** hatte die Einführung von Magnet- und Schallwellen zur Folge.
- **d** kann gesundheitliche Schäden verursachen.

4 Der sogenannte Schallkopf ...

- **a** ist eine Entdeckung eines österreichischen Wissenschaftlers.
- **b** wurde ebenfalls schon im 19. Jahrhundert eingesetzt.
- **c** sendet digitale Aufnahmen an einen Monitor.
- **d** dient der Umwandlung von Röntgenstrahlen.

5 Welcher Titel fasst die Inhalte der Vorlesungsreihe am besten zusammen?

- **a** Biografien großer Erfinder in der Medizintechnik
- **b** Entwicklung bildgebender Diagnostik in der Medizin
- **c** Sicherer Umgang mit medizinischen Diagnosegeräten
- **d** Zukunft medizinischer Diagnoseverfahren

Aufgabentyp 7

06

Sie hören einen Text zum Thema „Prüfungsangst“, den Sie gleichzeitig mitlesen müssen. Hörtext und schriftlicher Text sind nicht identisch. Vier Wörter sind unterschiedlich. Sie hören den Text **einmal**.

Markieren Sie beim Hören die vier Wörter, die nicht dem Hörtext entsprechen.

Nach dem Hören haben Sie **20 Sekunden** Zeit, um Ihre Antworten zu kontrollieren.

1. Lesen Sie den schriftlichen Text während des Hörens mit. Achten Sie auf Wörter und Laute und markieren Sie die Fehler (ganze Wörter).

Prüfungsangst

Egal, ob vor einer Führerscheinprüfung, einer Abiturklausur oder einem Vokabeltest: Nicht wenige Menschen können das alte Lied von der Prüfungsangst. Dabei spielen das Alter und die Lebenserfahrung keine Rolle. Und Umständen kann sie unüberwindbar scheinen und zu einer großen Last werden. Dann reisen die Gedanken tagelang nahezu pausenlos nur um die bevorstehende Prüfung. Und das kann sowohl ernsthafte Folgen für das psychische Befinden als auch für die Gesundheit haben. Verschiedene Langzeitstudien zum Thema haben eine Reihe von Strategien identifiziert, die sich bei leichter Prüfungsnervosität gewehrt haben und die man kennen sollte: Beginnen Sie früh genug mit den Vorbereitungen, wiederholen Sie das Gelernte regelmäßig, essen und schlafen Sie gut vor der Prüfung und machen Sie ein paar Entspannungsübungen.

2. Kontrollieren Sie Ihre Angaben nach dem Hören. Wenn Sie bei einem Wort nicht sicher sind, lesen Sie den ganzen Satz noch einmal. Achten Sie dabei auf die inhaltliche Korrektheit.

Prüfungsteil Schreiben

Allgemeine Hinweise

Das selbstständige Verfassen von schriftlichen Texten spielt im universitären Kontext eine wichtige Rolle. Studentische Seminar- und Abschlussarbeiten sollten einer klaren Struktur folgen und sich durch eine angemessene, sachliche Sprache auszeichnen. Die Formulierung von klaren Aussagen ist dabei genauso wichtig wie die Darstellung von Entwicklungen, eigenen und fremden Standpunkten und Argumenten, von Informationen aus verschiedenen Quellen oder die Zusammenfassung von Ergebnissen. Und genau darum geht es im Prüfungsteil Schreiben auch.

Worum geht es? Was muss ich beachten?

Diese Fragen sollten Sie sich vor dem Schreiben in der digitalen TestDaF-Prüfung auf jeden Fall stellen. In den beiden Aufgaben gibt es jeweils eine klare Aufgabenstellung (s. Beispiel rechts), die das Thema angibt, die Situation beschreibt und Hinweise auf die zu behandelnden Punkte gibt. Achten Sie darauf, was Sie tun sollen. Übungen zur Unterstützung des besseren Aufgabenverständnisses finden Sie → online.

Auf einer Lernplattform diskutieren Sie mit Ihrem Dozenten und anderen Seminarteilnehmenden über das Thema „Arbeit im Home-Office".[1]
Schreiben Sie einen kurzen Beitrag.

Erläutern und begründen Sie, welche positiven und negativen Aspekte es für ein Unternehmen hat, wenn viele Angestellte zu Hause arbeiten. [2]

Schreiben Sie mindestens **200 Wörter**.
Sie haben **30 Minuten** Zeit.

[1] Situation und Thema
[2] Was soll ich tun?

Wie viel Zeit habe ich? Wie teile ich die Zeit am besten ein?

Die Aufgabenstellung im Prüfungsteil Schreiben beinhaltet auch Angaben dazu, wie viel Zeit Sie für die Bearbeitung der Aufgabe haben und wie lang Ihr Text sein soll. Arbeiten Sie bei der Prüfungsvorbereitung im Buch mit einem Timer. Tipps und Übungen zum Zeitmanagement während der Prüfung finden Sie auch → online.

Wie identifiziere ich hilfreiche Schreibstrategien?

Der Modelltest in diesem Buch gibt Ihnen zu jeder Aufgabe Tipps, die Sie bei der Bearbeitung unterstützen. Damit Sie auch während der Prüfung und im Studium selbstständig effiziente Strategien zum Schreiben auswählen und anwenden können, finden Sie → online hilfreiche Übungen.

Wie gehe ich in der digitalen TestDaF-Prüfung vor?

In der digitalen TestDaF-Prüfung erscheinen die Aufgaben 1 und 2 im Prüfungsteil Schreiben automatisch nacheinander. Sie müssen jede der zwei Aufgaben innerhalb der vorgegebenen Zeit von jeweils 30 Minuten bearbeiten. In dieser Zeit müssen Sie den Text auch in das Textfeld am Computer eingeben.

Im Studium gehört das Schreiben von Texten am Computer zum Alltag. Das sollten Sie also unbedingt üben!

Die Anzahl der Wörter, die Sie schon geschrieben haben, wird in der digitalen TestDaF-Prüfung automatisch unter dem Textfeld angezeigt.

Nach Ablauf der vorgegebenen Zeit können Sie einmal abgeschlossene Aufgaben in der digitalen TestDaF-Prüfung nicht erneut aufrufen.

Übersicht

Prüfungsteil	Zeit	Wörter	Seite
Aufgabentyp 1 In dieser Aufgabe sollen Sie einen gut strukturierten, argumentativen Text zu einem vorgegebenen Thema schreiben. Dabei sollen Sie selbst Stellung nehmen, fremde Meinungen darstellen, Beispiele nennen und Argumente begründen.	30 Min.	mind. 200 Wörter	→ 41
Aufgabentyp 2 In Aufgabe 2 wird Ihnen eine konkrete Fragestellung präsentiert, unter der Sie die wichtigsten Informationen aus zwei Quellen (Text und Grafik) sachlich korrekt in Ihren eigenen Worten in einem Text zusammenfassen sollen.	30 Min.	ca. 100–150 Wörter	→ 42

Tipps zur Erstellung der Texte

1. Achten Sie darauf, dass Ihr Text eine klare Struktur mit Einleitung, Hauptteil und Schluss hat.
2. Verwenden Sie typische Satzanfänge und Wendungen für z. B.
   - die eigene Stellungnahme
   - die Darstellung fremder Meinungen
   - die Begründung von Argumenten
   - das Nennen von Gegenargumenten
   - das Abwägen von Vor- und Nachteilen
   - die Darstellung von Übereinstimmungen und Unterschieden
   - die Beschreibung von Problemen und Lösungen
   - die Wiedergabe von Informationen aus verschiedenen Quellen
   - ...
3. Planen Sie Zeit für die Korrektur ein. Achten Sie vor allem darauf, ob Ihr Text verständlich und zusammenhängend geschrieben ist. Achten Sie aber auch auf Groß- und Kleinschreibung, Rechtschreibung, Umlaute und Satzzeichen.

Ihre Texte sollten gut strukturiert und inhaltlich verständlich sein.

Aufgabentyp 1

Auf einer Lernplattform diskutieren Sie mit Ihrem Dozenten und anderen Seminarteilnehmenden über das Thema „Arbeit im Home-Office“.

Schreiben Sie einen kurzen Beitrag.

Erläutern und begründen Sie, welche positiven und negativen Aspekte es für ein Unternehmen hat, wenn viele Angestellte zu Hause arbeiten.

Schreiben Sie mindestens **200 Wörter**.
Sie haben **30 Minuten** Zeit

1. Zu welchem Thema und in welchem Kontext sollen Sie den Beitrag schreiben? Lesen Sie die Aufgabenstellung.

2. Worauf müssen Sie bei der Planung Ihres Textes achten? Lesen Sie die fett gedruckten Angaben genau.

3. Erstellen Sie vor dem Schreiben eine grobe Textskizze, die alle Punkte der Aufgabenstellung abdeckt.

Arbeit im Home-Office

Aufgabentyp 2

In Ihrem Seminar für Soziologie schreiben Sie eine Hausarbeit zum Thema „Zukunft ohne Bargeld". In einem Abschnitt wollen Sie sich mit folgender Frage beschäftigen:

Welche Ursachen und Folgen hat die zunehmende bargeldlose Zahlung?

Fassen Sie zu dieser Frage Informationen aus dem Text und der Grafik zusammen. Benutzen Sie eigene Formulierungen. Das Abschreiben von Textpassagen ist nicht erlaubt.

Schreiben Sie circa **100–150 Wörter**.
Sie haben **30 Minuten** Zeit.

1. Zu welchem Thema sollen Sie den Beitrag schreiben? Lesen Sie die Aufgabe.

2. Lesen Sie den Text und die Grafik. Notieren Sie während des Lesens wichtige Informationen aus dem Text und der Grafik in Stichworten.

Ursachen	*Folgen*

Bar oder mit Karte?

In Umfragen und Prognosen zu zukünftigen Bezahlweisen konnte noch vor einigen Jahren niemand mit der Corona-Pandemie rechnen. Ganz sicher hat das Virus in Deutschland auch dazu beigetragen, dass der bargeldlose Zahlungsverkehr in den letzten Jahren stark zunahm, denn im Gegensatz zu den gerade bei den älteren Generationen allgemein immer noch sehr beliebten Münzen und Scheinen wandert die Debit- oder Kreditkarte ebenso wenig wie das Smartphone oder die Smartwatch von Hand zu Hand. Optimale Voraussetzungen in Zeiten hoher Ansteckungsgefahr. Dennoch gaben noch im Jahr 2022 laut einer statista-Umfrage erstaunliche 72% der Befragten im Alter von 18 bis 64 Jahren an, dass sie in den letzten zwölf Monaten mit Bargeld gezahlt hätten. Es stellt sich also die Frage, ob die Kundinnen und Kunden doch wieder zu ihrem bevorzugten Zahlungsmittel zurückgekehrt sind. Ein Blick in aktuelle Umfrageergebnisse zeigt allerdings, dass die Tendenz zur Barzahlung allmählich zugunsten schnellerer und unkomplizierter kontaktloser Bezahlvorgänge abnimmt. An der Supermarktkasse einmal kurz mit dem Handy, der Smartwatch oder Karte bezahlt und schon kann man weiter. Allerdings, so geben Skeptiker zu bedenken, hinterlassen Kundinnen und Kunden auf diese Weise wertvolle Daten über ihr Konsumverhalten und haben andererseits weniger Kontrolle über ihre Ausgaben, während Münzen und Scheine völlig anonym über den Tresen gehen, übersichtlich im Portemonnaie liegen und ihr Bestand nicht Wochen später noch einmal mit den Kontoauszügen abgeglichen werden muss. Trotzdem, so halten die Befürworter der kontaktlosen Zahlung dagegen, ist Bargeld weniger sicher aufgehoben, denn ein Portemonnaie ist leicht gestohlen und hat keine PIN oder andere Sicherheitsvorkehrungen wie zum Beispiel das Öffnen per Fingerabdruck.

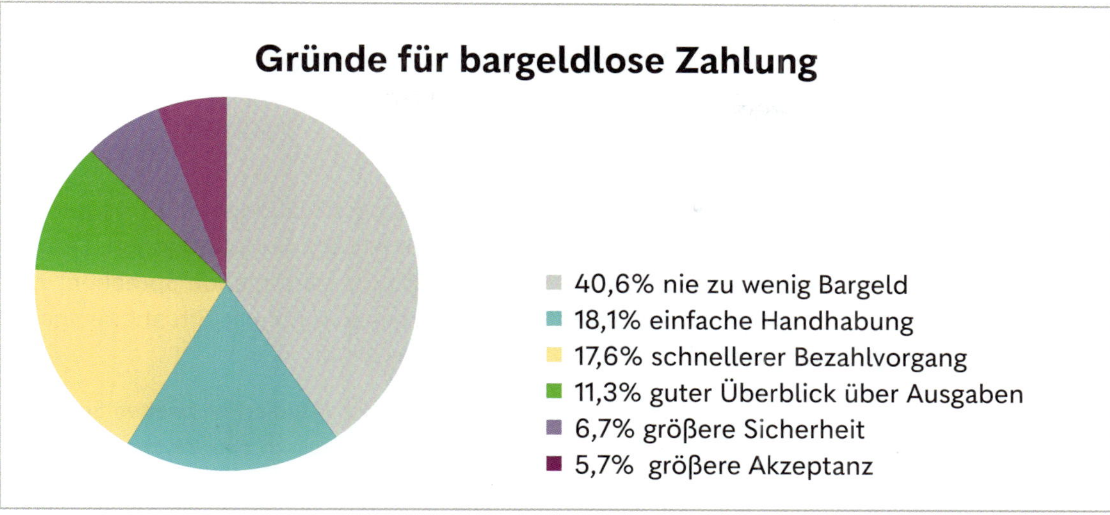

3. Achten Sie darauf, dass Sie in Ihrer Zusammenfassung die Quellen der Informationen (Text und/oder Grafik) benennen und den Text in Ihren eigenen Worten verfassen.

Welche Ursachen und Folgen hat die zunehmende bargeldlose Zahlung?

Tipp: Achten Sie darauf, dass Ihr Text keine eigene Meinung oder persönliche Stellungnahmen zum Thema enthält!

Prüfungsteil Sprechen

Allgemeine Hinweise

Das Sprechen spielt an der Universität und auch in vielen Alltagssituationen in formellen und informellen Kontexten eine große Rolle. Neben Gesprächen in Seminardiskussionen, Lerngruppen oder Beratungsgesprächen kommt im Studium auch das vortragende Sprechen, z. B. in Referaten und mündlichen Prüfungen, zum Einsatz. Und genau um diese Situationen geht es im Prüfungsteil Sprechen auch.

Worum geht es?

Bevor Sie in den Aufgaben 1–7 mit dem Sprechen beginnen, sollten Sie sich auf jeden Fall diese Frage stellen. Jede Aufgabenstellung (s. Beispiel rechts) beschreibt jeweils die Situation und das Thema. Die Aufgabe benennt genau, was Sie tun sollen. Übungen zur Unterstützung des Aufgabenverständnisses finden Sie → online.

Ihr Freund Lorenz studiert im zweiten Semester Germanistik. Er muss in zwei Wochen ein Referat halten. Deshalb hat er sich für die Sprechstunde bei seinem Professor eingetragen. Lorenz überlegt, wie er sich am besten auf den Termin vorbereiten kann und fragt Sie um Rat.[1]

00:30

00:45

Sagen Sie Lorenz, wozu Sie ihm raten würden.[2]

[1] Situation und Thema
[2] Was soll ich tun?

Wie viel Zeit habe ich?

Wie Sie im Beispiel oben sehen können, werden die Zeitangaben in der Aufgabenstellung im Prüfungsteil Sprechen durch die folgenden Symbole unterstützt:

Vorbereitung

Lesen

Hören

Ansehen

Sprechen

Sobald Sie mit dem Sprechen beginnen sollen, hören Sie einen Signalton. Wenn Ihre Sprechzeit beendet ist, erklingt der Signalton erneut. Tipps und Übungen zum Vorgehen während der Prüfung finden Sie → online.

Welche Strategien sind im Prüfungsteil Sprechen hilfreich?

In diesem Prüfungsteil kommt es darauf an, dass Sie sich sachlich, sprachlich angemessen, gut verständlich, inhaltlich strukturiert und zusammenhängend äußern können. Der Modelltest in diesem Buch gibt Ihnen Tipps, die Sie bei der Bearbeitung der Aufgaben unterstützen. Damit Sie auch während der Prüfung und im Studium selbstständig effiziente Strategien zum Sprechen auswählen und anwenden können, finden Sie → online hilfreiche Übungen.

Wie gehe ich in der digitalen TestDaF-Prüfung vor?

In der digitalen TestDaF-Prüfung erscheinen die Aufgaben 1–7 im Prüfungsteil Sprechen automatisch nacheinander. Sie erhalten Papier für Notizen und müssen die Aufgaben innerhalb der vorgegebenen Zeit bearbeiten. Die Antworten werden aufgenommen.

Nach Ablauf der vorgegebenen Zeit können Sie einmal abgeschlossene Aufgaben in der digitalen TestDaF-Prüfung nicht erneut aufrufen.

Prüfungsteil Sprechen

Sprechen Sie nicht zu schnell und achten Sie auf eine klare und deutliche Aussprache.

Übersicht

Prüfungsteil	Zeit	Medium	Seite
Aufgabentyp 1 In dieser Aufgabe bittet ein Freund oder eine Freundin Sie um Rat. Sie sollen ihm oder ihr sagen, was er oder sie Ihrer Meinung nach tun sollte.	ca. 3:30 Min.	Audio	→ 46
Aufgabentyp 2 In Aufgabe 2 sprechen Sie mit anderen Studierenden. Sie werden nach Ihrer Meinung zu einem gesellschaftspolitischen Thema gefragt und sollen Optionen abwägen, Ihren Standpunkt darlegen und Ihre Meinung begründen.	ca. 5:30 Min.	Audio	→ 47
Aufgabentyp 3 Aufgabe 3 simuliert die Situation in einer Lern- oder Arbeitsgruppe. Sie sollen einen kurzen wissenschaftlichen Text lesen und dann die wichtigsten Aspekte für die Gruppe mündlich in Ihren eigenen Worten zusammenfassen.	ca. 6:30 Min.	Text, Audio	→ 48
Aufgabentyp 4 In dieser Aufgabe wird Ihnen zuerst eine Grafik präsentiert. Daraufhin hören Sie, was ein Kommilitone oder eine Kommilitonin zu der Grafik sagt. Sie sollen dann zu der Äußerung Stellung nehmen. Dabei sollen Sie sich ebenfalls auf die Grafik beziehen.	ca. 5:30 Min.	Grafik/ Tabelle, Audio	→ 49
Aufgabentyp 5 In Aufgabe 5 sollen Sie unter Berücksichtigung der vorgegebenen Struktur und Stichpunkte ein kurzes Referat zu einem vorgegebenen Thema halten.	ca. 5:30 Min.	Stichpunkte, Audio	→ 50
Aufgabentyp 6 In Aufgabe 6 nehmen Sie an einer Seminardiskussion teil und hören den Beitrag eines Kommilitonen oder einer Kommilitonin. Sie reagieren auf den Beitrag, indem Sie die wichtigsten Punkte kurz zusammenfassen, selbst Stellung zu den genannten Argumenten nehmen und Ihre Meinung begründen.	ca. 6:50 Min.	Audio	→ 51
Aufgabentyp 7 Aufgabe 7 testet Ihre Fähigkeiten, eine Bekanntmachung im Rahmen einer Versammlung zu kritisieren, Ihre Kritik sachlich zu begründen und alternative Lösungen vorzuschlagen.	ca. 1:30 Min.	Bekanntmachung, Audio	→ 52

Tipp: Wenn Ihnen ein konkretes Wort nicht einfällt, versuchen Sie, es anders zu formulieren. Sprechen Sie auf jeden Fall weiter!

Aufgabentyp 1

07

Ihr Freund Lorenz studiert im zweiten Semester Germanistik. Er muss in zwei Wochen ein Referat halten. Deshalb hat er sich für die Sprechstunde bei seinem Professor eingetragen. Lorenz überlegt, wie er sich am besten auf den Termin vorbereiten kann und fragt Sie um Rat.

Sagen Sie Lorenz, wozu Sie ihm raten würden.

00:30

00:45

1. Worum geht es? Hören Sie und lesen Sie die Aufgabe mit. Stellen Sie sich die Situation vor.

2. Notieren Sie sich ein paar wichtige Stichwörter für Ihre Ratschläge.

Tipp: Die Anrede ist unter Freunden informell.

Notizen

3. Hören Sie und antworten Sie Lorenz. Die Aufnahme stoppt in der Prüfung automatisch.

Aufgabentyp 2

08

Sie unterhalten sich mit ein paar Kommilitoninnen und Kommilitonen in der Mensa über die „Einführung einer Frauenquote in Forschung und Lehre an den Universitäten". Eine Kommilitonin meint, dass sie nichts davon hält, die Anzahl von Frauen festzulegen. Sie fragt Sie nach Ihrer Meinung.

Wägen Sie Vor- und Nachteile der Einführung einer Frauenquote in Forschung und Lehre an den Universitäten ab. Legen Sie Ihren Standpunkt dar und begründen Sie Ihre Meinung.

 00:45  01:30

1. Worum geht es? Hören Sie und lesen Sie die Aufgabe mit.

2. Überlegen Sie, was Sie zu dem Thema wissen und was Sie von der Meinung der Kommilitonin halten. Notieren Sie sich ggf. ein paar wichtige Stichwörter.

Notizen

3. Hören Sie und antworten Sie. Gehen Sie auf die Vor- und Nachteile ein und vergessen Sie nicht, Ihre Meinung zu begründen.

Aufgabentyp 3

09

In einer Arbeitsgruppe an Ihrer Hochschule behandeln Sie gerade das Thema „Arbeit im 21. Jahrhundert“. Sie haben dazu einen interessanten Artikel gelesen und wollen ihn für Ihre Mitstudierenden zusammenfassen.

1. Worum geht es? Hören Sie und lesen Sie die Aufgabe mit.

Lesen Sie den Text. Sie haben genau **4 Minuten** Zeit.
Decken Sie den Text ab, sobald Sie das Stopp-Signal hören.
Fassen Sie danach die wesentlichen Informationen zusammen.

04:00

02:00

WICHTIG: Decken Sie den Artikel nach 4 Minuten ab. In der digitalen Prüfung ist der Text danach nicht mehr zu sehen!

2. Lesen Sie die Überschrift und den Text. Notieren Sie wichtige Stichwörter und Informationen aus dem Text.

Lieber eine sinnvolle Tätigkeit und dafür weniger Gehalt?

Immer mehr Menschen mit gutem Einkommen sind unzufrieden. Und das liegt, so meinen sie, an ihrer Arbeit, die ihnen bisweilen sinnlos erscheint. Da drängt sich die Frage nach dem Sinn und Zweck von Erwerbsarbeit förmlich auf. Lange Zeit diente Arbeit dem Lebensunterhalt. Wer konnte, sparte für eine eigene Wohnung, ein Haus mit Garten, ein Auto oder den nächsten Urlaub. Je mehr, desto besser! Man baute für sich und die Seinen etwas auf und war damit meist auch zufrieden. Heute hingegen wird der Wert der Arbeit immer öfter hinterfragt. Erfüllt mich meine Arbeit? Bin ich zufrieden, wenn ich nach acht Stunden Feierabend mache? Was bewirke ich durch meine Arbeit? Auffallend ist, dass es bei der Sinnfrage nicht um Wohlstand, sondern vielmehr um soziale Werte geht.

Zu den beruflichen Tätigkeiten, die gemeinhin von der Gesellschaft als sinnvoll erachtet werden, gehören u. a. soziale Berufe, beispielweise in der Erziehung oder Pflege. Diese werden in der Regel aber vergleichsweise schlecht bezahlt. Wer 40 Stunden in der Woche arbeitet und trotzdem jeden Monat die Miete und anfallende Rechnungen nur gerade so bezahlen kann, wäre mit einem höheren Gehalt sicher entspannter und vielleicht auch glücklicher. Der Sinn der Arbeit wäre in dem Fall vermutlich eher zweitranging. Allerdings macht mehr Geld nur bis zu einer Summe glücklich, die individuell anders ausfallen und daher nicht allgemeingültig festgelegt werden kann. Wohlhabende, die mit ihrem Leben unzufrieden sind, kann man mit mehr Geld jedenfalls nicht glücklich machen.

Die anfangs gestellte Frage lässt sich also keineswegs pauschal beantworten. Interessanter und auch vielversprechender erscheint hingegen die Frage, wie es überhaupt zu der Annahme kommt, Erwerbsarbeit müsse erfüllend sein und solle glücklich machen. Die Quelle eines erfüllten Lebens einzig in der Arbeit finden zu wollen, scheint nicht immer der richtige Weg zu sein. Das Familienleben, Ehrenämter oder Hobbys können auch sinnstiftend sein und zufrieden machen!

3. Erläutern Sie das Thema und geben Sie die wichtigsten Informationen in Ihren eigenen Worten wieder. Sprechen Sie dabei frei und denken Sie daran, dass Ihre eigene Meinung in dieser Aufgabe nicht gefragt ist!

10

In Ihrem Seminar zum Nachhaltigkeitsmanagement sprechen Sie über die „Ursachen für jährliches Vogelsterben in Deutschland“. Ihre Dozentin, Dr. Mwangi, hat eine Grafik mitgebracht und bittet die Seminarteilnehmenden um eine Stellungnahme.

Hören Sie, was eine Seminarteilnehmerin zum Thema sagt.
Nehmen Sie Stellung zu der gehörten Aussage.
Beziehen Sie sich dabei auch auf die vorliegende Grafik.

 00:30  00:20  01:30  01:30

1. Worum geht es? Hören Sie und lesen Sie die Aufgabe mit.

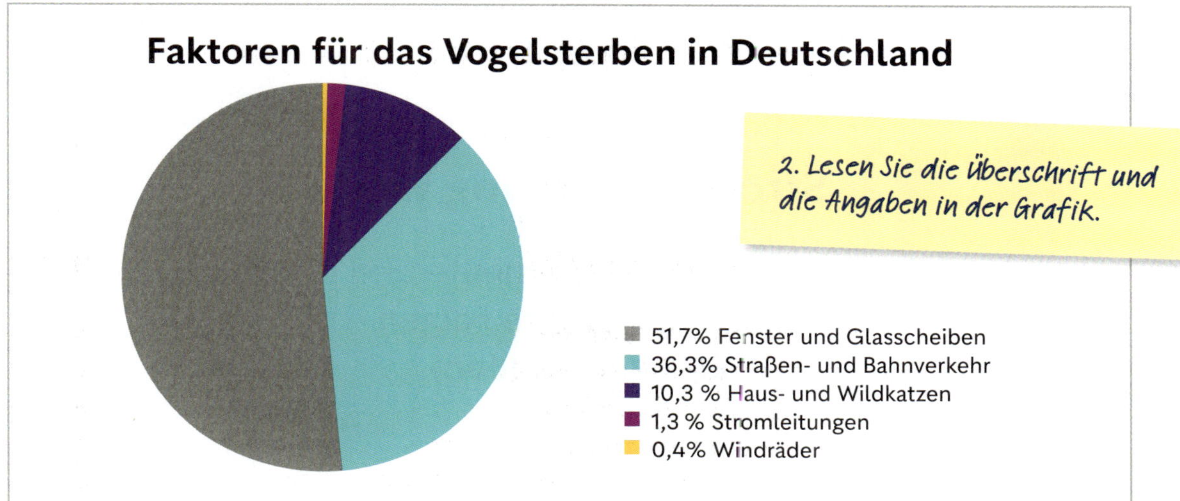

2. Lesen Sie die Überschrift und die Angaben in der Grafik.

Notizen

3. Sie hören eine Aussage über die Grafik. Machen Sie sich kurze Notizen zu wichtigen Punkten.

4. Beziehen Sie sich in Ihrer Stellungnahme zu der Aussage auf die Angaben in der Grafik.

Aufgabentyp 5

11

Sie haben für Ihren studienvorbereitenden Deutschkurs eine Kurzpräsentation zum Thema „Gehört die Zukunft den erneuerbaren Energien?“ vorbereitet. Ihr Dozent, Herr Lehmann, bittet Sie, Ihre Präsentation vorzutragen.

Erläutern Sie zunächst den Aufbau Ihrer Präsentation. Gehen Sie dann auf die einzelnen Punkte näher ein und heben Sie wichtige Einzelheiten hervor.

 02:00  02:30

1. Worum geht es? Hören Sie und lesen Sie die Aufgabe mit.

2. Bereiten Sie Ihr Kurzreferat mit ein paar Stichpunkten vor. Beachten Sie dabei die auf der Folie vorgegebene Struktur.

Stromversorgung weltweit

- Energiebedarf gestern, heute und morgen
- fossile Energien und ihre Folgen
- Alternative Energie(-quellen)

Tipp: Bereiten Sie eine Begrüßung und einen aussagekräftigen Schlusssatz vor.

Notizen

3. Nachdem Sie die Aufforderung hören, tragen Sie Ihre Präsentation zusammenhängend und ohne längere Pausen vor. Gehen Sie auf alle Punkte ein.

Aufgabentyp 6

12

In Ihrem sozialwissenschaftlichen Seminar diskutieren Sie heute über den Stellenwert unbezahlter Arbeit in der Pflege von Familienangehörigen. Eine Kommilitonin äußert sich zu dem Thema und fordert, dass auch diese Art von Arbeit bezahlt werden sollte. Ihre Dozentin, Dr. Demirci, bittet Sie, zu der Äußerung Stellung zu nehmen.

Geben Sie die Argumente Ihrer Kommilitonin wieder und nehmen Sie Stellung zu diesen Argumenten. Begründen Sie Ihren eigenen Standpunkt zum Thema.

01:00

01:30

02:00

1. Worum geht es? Hören Sie und lesen Sie die Aufgabe mit.

2. Notieren Sie während des Hörens alle Argumente, die genannt werden.

3. Bereiten Sie Ihre Stellungnahme zu den Argumenten mithilfe Ihrer Notizen vor. Notieren Sie auch wichtige Argumente für Ihren eigenen Standpunkt.

Notizen

4. Fassen Sie die genannten Argumente zusammen und geben Sie Ihren eigenen Standpunkt wieder. Gehen Sie dabei auf die genannten Argumente ein.

Aufgabentyp 7

13

Sie haben auf der Internetseite Ihrer Hochschule gelesen, dass Essen und Getränke in der Mensa am Park teurer werden. Als Mitglied der Studierendenvertretung möchten Sie in einer Versammlung diese Preissteigerung kritisieren.

1. Worum geht es? Hören Sie und lesen Sie die Aufgabe mit. Stellen Sie sich die Situation vor.

Äußern Sie die Kritik der Studierendenvertretung an der angekündigten Preissteigerung. Begründen Sie diese Meinung.
Sagen Sie, wie das Studierendenwerk die Preise in der Mensa senken könnte.

01:30

01:30

2. Lesen Sie die Bekanntmachung und notieren Sie Ihre Kritik, Ihre Gründe und konkrete Alternativen.

www.hochschule-beispiel.de

Neuigkeiten Studium Immatrikulation Termine

Neuigkeiten

Bio in der Mensa am Park

Ab dem Wintersemester stellen wir komplett auf Produkte aus biologischem Anbau um. Deshalb steigen die Preise für Essen und Getränke für alle Angestellten und Studierenden um 0,50 bis 2,00 Euro.

Vielen Dank für Ihr Verständnis!
Ihr Küchen-Team aus der Mensa am Park

Notizen

3. Äußern Sie Ihre Kritik sachlich. Als Mitglied der Studierendenvertretung sprechen Sie für alle Studierenden. Verwenden Sie deshalb ggf. die Pluralform wir/uns/...

Lösungen

Lesen

Aufgabentyp 1

Lösung: 1c – 2d – 3d – 4a – 5a

Aufgabe 1

Nun hat auch die europäische Lebensmittelbehörde EFSA den gelben Mehlwurm und die Heuschrecke als getrocknetes Insekt oder in Pulverform aufgrund wissenschaftlicher __1__ als gesundheitlich unbedenkliches Lebensmittel eingestuft.

1 a Hinweise b Prozesse [X] c Studien d Urteile

c ist richtig. Bevor etwas von einer Behörde als unbedenklich eingestuft werden kann, muss es wissenschaftlich untersucht werden. Solche Untersuchungen nennt man *wissenschaftliche Studien*. *Hinweise* stellen für die genannte Einstufung keine ausreichend belastbare Grundlage dar. Da die Einstufung faktenbasiert erfolgt, geht es hier nicht um *Prozesse*. Eine Beurteilung erfolgt in wissenschaftlichen Gutachten. Das Wort *Urteil* ist daher in diesem Kontext unpassend.

Aufgabe 2

Besonders die günstigen Mehlwürmer sind seit einiger Zeit schon als __2__ erlaubt, z. B. in Lebensmitteln wie Brot oder Nudeln.

2 a Beilage b Bestandteil c Inhalt [X] d Zutat

d ist richtig. Mit *Zutat* werden die Bestandteile einer Speise, z. B. in einem Rezept oder auf einer Produktverpackung, bezeichnet. Unter *Beilagen* versteht man etwas, das zu einer Speise gereicht wird, z. B. Kartoffeln oder Reis. Die Wörter *Bestandteil* und *Inhalt* sind im Kontext Lebensmittel und Speisen nicht gebräuchlich.

Aufgabe 3

Dennoch ist ihr Verzehr in Europa bisher nicht weit verbreitet, obwohl sie deutlich weniger Wasser und Platz als Rinder, Schweine oder Geflügel benötigen und weniger Treibhausgas-Emissionen wie z. B. CO_2 __3__.

3 a begründen b fördern c reduzieren [X] d verursachen

d ist richtig. Mehlwürmer *verursachen* deutlich weniger Treibhausgas-Emissionen als Rinder, Schweine oder Geflügel, die zu den Hauptverursachern gehören. Mehlwürmer *begründen* nichts, da sie per se keine Gründe nennen können. *Begründen* kann auch im Sinne von *ein*

Fundament darstellen verwendet werden, dies passt jedoch ebenfalls nicht zu dem Kontext des Satzes: Das Wort *obwohl* zeigt an, dass hier Gründe für den Verzehr von Speiseinsekten genannt werden. Der Satz sagt etwas Positives über Mehlwürmer aus, deshalb können *fördern* und *sie reduzieren weniger* CO_2 nicht korrekt sein.

Aufgabe 4

Außerdem liegt der __4__ Anteil des Körpers von Speiseinsekten mit 80 % wesentlich höher als bei den üblichen Nutztieren aus der Landwirtschaft.

4 [X] a essbare   b frische   c leckere   d ungiftige

a ist richtig. Wie schon einleitend im Text angegebenen wird, handelt es sich um die Einstufung von Insekten als „gesundheitlich unbedenkliches“ und somit *essbares* Lebensmittel. Das, was man essen kann, ist der *essbare* Anteil. Bei Pflanzen und Tieren gibt es durchaus *frische* oder auch *ungiftige* Anteile, das steht im Text jedoch nicht im Vordergrund. Ob es sich um *leckere* Anteile handelt, kann wissenschaftlich nicht objektiv begründet werden und spielt – logisch betrachtet – auch im Rahmen der wissenschaftlichen Einstufung keine Rolle.

Aufgabe 5

Aus diesen Gründen, so hoffen Ernährungsexperten und Klimaforscherinnen, könnten Heuschrecken, Mehlwürmer und andere Insekten __5__ als Fleischersatz, Snack oder auch in Form von Mehl auf Speisekarten in Berlin, London, Rom oder Paris landen.

5 [X] a bald   b gerne   c keineswegs   d lange

a ist richtig. Das Verb *hoffen* und der Konjunktiv II deuten schon darauf hin, dass *bald* korrekt ist. Das bestätigt auch der Gesamtkontext, denn es wird im Text gesagt, dass Speiseinsekten bisher nicht als Lebensmittel etabliert aber bereits als essbar eingestuft sind. Ob Insekten *gerne* als Lebensmittel auf Speisekarten landen, kann auch die Forschung nicht beurteilen. Da sie sie aber für essbar hält und als unbedenklich eingestuft hat, kann es nicht sein, dass Ernährungsexperten und Klimaforscherinnen Speiseinsekten *keineswegs* als Fleischersatz, Snack etc. ansehen. Obwohl das Verb *landen* hier mit *auf Speisekarten* im übertragenen Sinn verwendet wird, macht eine *lange Landung* ebenfalls keinen Sinn.

Aufgabentyp 2

Lösung: 1c – 2e – 3a – 4d – 5b

c

In Deutschland gibt es, je nach Bundesland, pro Jahr zehn bis zwölf gesetzliche Feiertage, d. h. arbeitsfreie Tage. Die Unterschiede in der Anzahl sind für viele Menschen aber gar nicht das eigentliche Problem 1

e

Vielmehr wird bundesweit immer dann über die gesetzliche Feiertagsregelung diskutiert, wenn beispielsweise der Tag der deutschen Einheit am 3. Oktober auf einen Sonntag fällt. 2

a

Das ist natürlich umso unerfreulicher, als dieser Tag laut Arbeitszeitgesetz (ArbZG) für die meisten Beschäftigten schon ein arbeitsfreier Tag ist. 3

d

Daher, argumentieren die Befürworterinnen und Befürworter einer Gesetzesänderung, müsse der verlorene freie Tag am darauffolgenden Tag, also am Montag, nachgeholt werden. 4

b

Viel zitierte Vorbilder für eine solche Regelung finden sich schon im europäischen Ausland, etwa in Belgien, Spanien oder Großbritannien. 5

Erläuterungen

c ist der erste Textteil: Der erste Satz stellt die Einführung in das Thema dar.
e erklärt das eigentliche Problem. Das kann man auch an dem Bezugswort *vielmehr* erkennen.
a bezieht sich auf das im Satz in e gegebene Beispiel. Das kann man sogar an zwei Stellen sehen: Am Satzbeginn *Das ist natürlich umso unerfreulicher* ... und auch an dem Bezug, der zu *Sonntag* (= *ein arbeitsfreier Tag*) hergestellt wird.
d *Daher* bezieht sich auf die in e und a erklärte Problematik. d muss demnach auf a folgen.
b muss auf Textabschnitt d folgen, da in b Bezug auf eine Regelung genommen wird. Nur in d wird eine Regelung (der Feiertag müsse am darauffolgenden Tag nachgeholt werden) genannt.

Aufgabentyp 3

Lösung: 1d – 2d – 3a – 4b – 5d – 6d – 7d

1

Was wäre, wenn ...?

Ein Gedankenspiel sorgt in Expertengremien, in der Presse und auch in der Kaffeepause in der Firma oder ganz privat beim Grillfest mit Freunden immer wieder für hitzige Diskussionen. Die Annahme lautet: Wenn alle Menschen eines Landes monatlich vom Staat ein bedingungsloses Grundeinkommen (BGE) bekämen, also so viel Geld, wie sie zum Leben benötigen, zusätzlich zu ihrem Einkommen aus Erwerbstätigkeit oder möglichen Sozialleistungen, wäre das für alle gut. Niemand müsste sich dann noch Sorgen über den Wocheneinkauf, Wohnen, den Beitrag für den Sportverein oder die Tickets für das nächste Open-Air-Konzert machen. Die monatlichen Kosten für Lebensmittel, Miete und soziale Teilhabe wären kein Problem mehr.

Frage 1: **In Absatz 1 wird gesagt, die Einführung eines bedingungslosen Grundeinkommens (BGE) sei ...**

- **a** nicht die Lösung aller sozialen Probleme.
- **b** in anderen Ländern erfolgreich.
- **c** in der Bundesrepublik beschlossen.
- **~~d~~** in der Gesellschaft umstritten.

d ist richtig. Da in der Gesellschaft *hitzige Diskussionen* (Zeile 3) geführt werden, ist die Einführung des BGE umstritten.
a ist durch *nicht* auszuschließen, weil zumindest angenommen wird, dass eine Einführung des BGE teilweise zur Problemlösung beitragen würde.
b kann nicht korrekt sein. Über die Einführung des BGE in anderen Ländern wird in dem Abschnitt nicht berichtet.
c ist auszuschließen, da die Einführung des BGE hier als Möglichkeit und nicht als Tatsache präsentiert wird, was man auch an der Verwendung des Konjunktiv II ab Zeile 4 erkennen kann.

2

Während die Befürworter*innen das BGE für durchaus umsetzbar und begrüßenswert halten, fragen die Skeptiker*innen und Gegner*innen beharrlich nach der Finanzierbarkeit und den Auswirkungen, die diese staatliche Maßnahme in der Gesellschaft und auf dem Arbeitsmarkt hätte. Bemerkenswert ist hierbei, wer in der Öffentlichkeit das Wort für die eine und die andere Gruppe führt, denn zu den prominentesten Befürworter*innen gehören auch sehr erfolgreiche und angesehene Unternehmer*innen, während kritische Stimmen und strikte Ablehnung auch aus den Gewerkschaften und den Wohlfahrtsverbänden kommen. Es ist also eher kompliziert. Das zeigt sich auch in den Ergebnissen einer repräsentativen Umfrage des *Deutschen Instituts für Wirtschaftsforschung e. V.* (DIW) aus dem Sommer 2022, wonach das BGE weiterhin nur für eine knappe Mehrheit der Bevölkerung eine anzustrebende gesellschaftspolitische Lösung darstellt.

Frage 2: **Welche der folgenden Aussagen fasst den Inhalt aus Absatz 2 zusammen?**

- [ ] **a** Das BGE wirft gesamtgesellschaftlich kaum noch ungeklärte Fragen auf.
- [ ] **b** Die Ergebnisse aller bisherigen repräsentativen Umfragen sind eindeutig.
- [x] **c** Die gesellschaftliche Zugehörigkeit mancher Befürworter*innen und Gegner*innen ist überraschend.
- [ ] **d** Die öffentliche Meinung zum BGE unterscheidet sich von den Umfrageergebnissen.

c ist richtig. Laut Zeilen 14 bis 17 ist bemerkenswert, wer zu den Befürworter*innen und Gegner*innen der Einführung eines BGE gehört. Demnach gibt es Unternehmer*innen, die dafür, und Vertreter*innen aus Sozialverbänden, die dagegen sind. Und das ist überraschend.
a wird in Zeile 11 widerlegt: Skeptiker*innen und Gegner*innen halten die Frage der Finanzierbarkeit und der Auswirkungen des BGE auf die Gesellschaft und den Arbeitsmarkt weiterhin für ungeklärt. Es gibt also noch viele ungeklärte Fragen.
b ist falsch, da es *eher kompliziert* ist. Bisher gab es auch nur eine repräsentative Umfrage, die zu einem knappen Ergebnis führte. Ein eindeutiges Ergebnis würde eine große Mehrheit für oder gegen die Maßnahme benötigen.
d ergibt als Aussage keinen Sinn: Umfrageergebnisse dienen in der Regel der Erforschung und anschließenden Darstellung der öffentlichen Meinung zu einem Thema. Dies ist im Text auch dementsprechend dargestellt.

3

Von den 4.500 Menschen im Alter von 18 bis 84 Jahren, die in der Bundesrepublik zum Thema befragt wurden, sprachen sich insgesamt 53% für eine Einführung aus. Tendenziell begrüßen jüngere, gebildete oder ärmere Menschen das Konzept, das sie für zukunftsweisend halten. In Zeiten sozialer Unsicherheit und gesellschaftlichen Umbruchs könnten die Menschen mit einer finanziellen Grundsicherung den bezahlten oder unbezahlten Beschäftigungen nachgehen, für die sie sich tatsächlich begeistern, argumentieren die Befürworter*innen. Sie hätten u. a. auch mehr Zeit für ihre Familien, pflegebedürftige Angehörige und soziale Projekte. Maschinen und Computer würden sich den Aufgaben widmen, die nicht zwingend von Menschen übernommen werden müssen.

Frage 3: **Laut Absatz 3 könnte das BGE ...**

- ☒ a den zu erwartenden sozialen Wandel sinnvoll unterstützen.
- b für mehr Zuversicht und Zufriedenheit in der Gesellschaft sorgen.
- c jungen Menschen in Studium und Ausbildung sowie den sozial Schwächeren helfen.
- d zu einem geringeren Einsatz von Computern und Maschinen führen.

a ist richtig. In dem Abschnitt wird der gesellschaftliche Wandel und die damit einhergehende Verbesserung für die Menschen durch eine *finanzielle Grundsicherung* beschrieben.
b wird im Text nicht gesagt.
c ist falsch. Das BGE soll alle Menschen unterstützen, nicht nur diese Personengruppe.
d ist falsch, da der Umfang des Einsatzes von Maschinen und Computern im Text nicht genannt wird.

4

Da es in Deutschland bisher gar keine geeigneten Erfahrungswerte oder langfristig und breit angelegten Studien zu einem Leben mit einem bedingungslosen Grundeinkommen gibt, werden seit 2021 im *Pilotprojekt Grundeinkommen*, einem Gemeinschaftsprojekt des gemeinnützigen Vereins *Mein Grundeinkommen e. V.* und dem Deutschen Institut für Wirtschaftsforschung (DIW Berlin) unter Beteiligung von unabhängigen Wissenschaftler*innen der Universität Köln und des Max-Planck-Instituts zur Erforschung von Gemeinschaftsgütern, insgesamt drei Jahre lang endlich die zur Einschätzung nötigen Daten gesammelt und in drei aufeinander folgenden Studien ausgewertet. Besonders interessant: Auftraggeber*innen dieses Pilotprojekts sind die etwa 140.000 Privatpersonen, die die Grundeinkommen von jeweils 1.200 € mit ihren monatlichen Direktspenden an die Teilnehmenden über den gesamten Studienzeitraum hinweg finanzieren.

Frage 4: **Laut Absatz 4 ist die Durchführung wissenschaftlicher Studien zum BGE ...**

- a kompliziert.
- b kostenintensiv.
- ☒ c notwendig.
- d zeitaufwendig.

c ist richtig. In Zeile 36 wird gesagt, dass nun *endlich* die zur Einschätzung *nötigen* Daten gesammelt und Studien durchgeführt werden. Demnach sind sie notwendig.

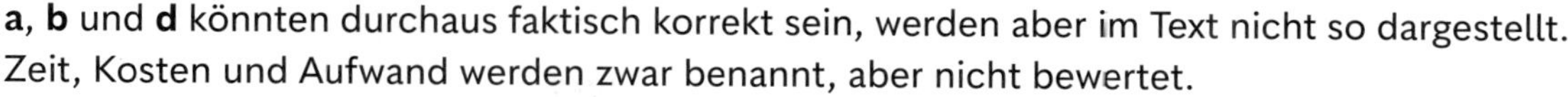

a, **b** und **d** könnten durchaus faktisch korrekt sein, werden aber im Text nicht so dargestellt. Zeit, Kosten und Aufwand werden zwar benannt, aber nicht bewertet.

5

In ihrer Machbarkeitsstudie wollen die Wissenschaftler*innen untersuchen, ob ein BGE bei den Teilnehmenden sowohl individuell als auch kollektiv positive Wirkungen entfaltet, ob und wie es finanzierbar ist bzw. wie stark der Anreiz zu bezahlter Erwerbsarbeit tatsächlich sinkt. Bewerben konnten sich Personen, die mindestens 18 Jahre alt und in Deutschland wohnhaft waren. Nur 120 der insgesamt 1.500 ausgewählten Studienteilnehmer*innen sind die tatsächlichen Gewinner des BGE, welches sie zusätzlich zu ihrem Einkommen für eine Gesamtdauer von drei Jahren erhalten. Alle anderen sind in der Kontrollgruppe, die ebenfalls alle sechs Monate an den Online-Befragungen teilnimmt, aber kein BGE bekommt. Die Forschenden sind daran interessiert herauszufinden, welche Veränderungen das Einkommen im Alltag der Teilnehmer*innen hinsichtlich ihrer psychischen und körperlichen Gesundheit, ihrer Einstellung zur Erwerbsarbeit und zum Leben an sich bewirkt. So soll u. a. auch mittels Haarproben das Stresslevel einzelner Personen ermittelt werden.

Frage 5: **Absatz 5 beschreibt die Studie hinsichtlich der Fragestellung, des Aufbaus, der Durchführung und ...**

- **a** der Ergebnisse.
- **b** der Finanzierung.
- **c** der Statistik.
- **X** (d) der Ziele.

d ist richtig. Im ersten Satz von Abschnitt 5 werden die Studienziele beschrieben.
a, b und **c** werden gar nicht erwähnt.

6

Nach Abschluss der Studie und einer wissenschaftlichen Auswertung der Daten, deren Ergebnisse in Kürze erwartet werden, werden die bisher eher philosophischen Fragen, ob mehr Geld langfristig tatsächlich kreativer, motivierter, entspannter, gesünder und glücklicher macht oder ob nach einer gewissen Zeit ein Gewöhnungseffekt eintritt, erstmals faktisch beantwortet werden können. Die viel größere Frage nach der politischen Umsetzbarkeit und Finanzierbarkeit des BGE, d. h. der Akzeptanz einer höheren Steuerlast in der Bevölkerung, und hier ganz besonders in den höheren Einkommensschichten, bleibt und wird die Politik, die Wissenschaft und die Zivilgesellschaft sicher noch länger beschäftigen.

Frage 6: **Welche der folgenden Überschriften passt zu Absatz 6?**

- **a** BGE offenbar finanzierbar
- **b** Breite Akzeptanz für das BGE
- **c** Politik nicht am BGE interessiert
- **X** (d) Weitere Studien zum BGE nötig

d ist richtig, da die viel größere Frage nach Umsetzbarkeit, Finanzierung und Akzeptanz bleibt.
a ist falsch. Im Text steht, dass die Frage nach der Finanzierbarkeit bleibt.
b ist falsch. Die Akzeptanz einer höheren Steuerlast in der Bevölkerung ist nicht bewiesen.
c ist falsch, da das BGE die Politik länger beschäftigen wird und daher von einem Interesse auszugehen ist.

Frage 7: **Hauptanliegen des Textes ist es, ...**

- **a** die Fachwelt über den Stand einer Studie zu informieren.
- **b** die wichtigsten Fragen zum BGE zu beantworten.
- **c** eine neue Studie infrage zu stellen.
- **X** über die aktuelle Diskussion und die Forschung zum BGE zu berichten.

d ist richtig. Der Text spricht zunächst über die gesellschaftliche Diskussion und geht dann auf den Forschungsstand ein.
a ist falsch, denn obwohl der Text über den Stand einer Studie berichtet, liegt der Fokus des Textes nicht nur auf dieser einen Studie.
b ist falsch. Zwar werden einige Fragen zum BGE beantwortet, der Fokus des Textes liegt aber auf der gesellschaftlichen Diskussion und der Darstellung der aktuellen Forschung.
c ist falsch. Im Text wird keine Studie kritisch hinterfragt.

Aufgabentyp 4

Lösung: 1e – 2a – 3g – 4f

„Wir fliegen im Sommer wieder in den Süden!"– Diese Ankündigung für die Ferien war lange gang und gäbe. **1** Heute könnte sie bei so manchem Gegenüber leicht auf kritisch hochgezogene Augenbrauen stoßen.

 Die Autorin vermutet etwas.

e ist richtig. Aussage 1 drückt durch die Verwendung des Konjunktiv II eine Vermutung aus.

Nach dem Willen vieler Klimaschützer*innen müssten Flugreisen ins Ausland in erster Linie deutlich teurer werden. **2** Ihre Forderungen nach der kompletten Aufhebung der Steuerbefreiung auf Kerosin und der Abschaffung klimaschädlicher Inlandsflüge sind ebenfalls durchaus erstrebenswert, um mehr CO_2 einzusparen.

 Die Autorin begrüßt etwas.

a ist richtig. Wenn die Autorin etwas als *erstrebenswert* bezeichnet, bedeutet das, dass sie sich dafür ausspricht und es deshalb begrüßt.

Innerhalb Deutschlands und Europas wären Reisen mit der Bahn eine klimafreundliche Alternative. **3** Ob es allerdings, das soll an dieser Stelle nicht unerwähnt bleiben, in manchen Fällen nicht nur zeitaufwendiger, sondern auch deutlich teurer als Fliegen wäre, ist noch zu klären.

 Die Autorin wendet etwas ein.

g ist richtig. Die indirekte Frage und *allerdings* drücken einen Einwand aus.

In diesem Fall wäre die Durchsetzung eines Inlandsflugverbots in Hinblick auf vergleichbare internationale Flugreisen von München nach Paris mindestens fragwürdig. Viel sinnvoller wäre es vermutlich, wenn jeder die Notwendigkeit einer Flugreise selbst kritisch prüfen würde. **4** Denn wenn jeder weiterhin nur an sich denkt, haben bald alle ein Problem.

 Die Autorin warnt vor etwas.

f ist richtig. Hier wird vor Problemen gewarnt.

Aufgabentyp 5

Lösung: 1 beide – 2 Betrieb – 3 Hochschule – 4 Betrieb – 5 passt nicht – 6 beide – 7 beide

1 **Qualifizierte Fachleute vermitteln Wissen.**
beide: vgl. Absatz 2, Zeilen 5–8: [...] *besuchen die Studierenden Vorlesungen und Seminare von Professor*innen und wissenschaftlichen Mitarbeiter*innen, die schon jahrelang in diesem Bereich forschen,* [...]. *In der Praxis können sie dann von Expert*innen lernen* [...].

2 **Teilnehmende können sich ein internationales Netzwerk aufbauen.**
Betrieb: vgl. Absatz 3, Zeilen 13–15: [...] *viele Betriebe verfügen aber zudem über internationale Kooperationspartner und ermöglichen den Studierenden, Erfahrungen in verschiedenen kulturellen und geographischen Kontexten zu sammeln. So können sie sich schon frühzeitig ein berufliches Netzwerk aufbauen.*

3 **Hier wird man in einem geschützten Raum mit realen Situationen konfrontiert.**
Hochschule: vgl. Absatz 4, Zeilen 30–32: *Des Weiteren entwickeln viele duale Studiengänge innovative Lehrmethoden an den Hochschulen, beispielsweise im simulationsbasierten Lernen, bei dem die Studierenden reale Geschäftsszenarien in einer kontrollierten Umgebung bearbeiten,* [...]

4 **Studierende erhalten Einblicke in verschiedene Geschäftsmodelle.**
Betrieb: vgl. Absatz 4, Zeilen 28–29: *Die Unternehmen ermöglichen es den Studierenden, Einblicke in verschiedene Geschäftsmodelle und Unternehmenskulturen zu erhalten.* [...]

5 **Resilienz wird hier vorausgesetzt.**
passt nicht: Es gibt im Text keine entsprechende Aussage.

6 **Hier wird kritisches Denken gefördert.**
beide: vgl. Ansatz 3, Zeilen 21–25: *Die Entwicklung von kritischem Hinterfragen wird i. d. R. auf akademische Institutionen zurückgeführt, aber auch in den Unternehmen wird diese Fertigkeit weiterentwickelt, um kompetent Entscheidungen zu treffen, Prozesse zu verbessern oder auch innovative Lösungen für Kundinnen und Kunden zu kreieren.*

7 **Die Finanzierung des Studiums kann übernommen werden.**
beide: vgl. Absatz 5, Zeilen 34–37: *Ein weiterer Vorteil des dualen Studiums liegt in der finanziellen Unterstützung, denn viele Unternehmen bieten nicht nur eine Vergütung für die Arbeit an, sondern übernehmen auch die Studiengebühren. Aber auch von Seiten der Hochschulen gibt es Stipendien, die die Kosten decken.*

Aufgabentyp 6

Lösung: Probleme: c und f, Lösungen: a und b
c Die Aussage „Emotionale Oberbegriffe sind nicht eindeutig" wird im Text als mögliches Problem aufgezeigt: *Viel schwieriger wird es aber, wenn wir unsere Gefühle bewusst beschreiben, also versprachlichen wollen. Das gilt übrigens sowohl für Kinder als auch für viele Jugendliche und Erwachsene. In unserem Alltag verwenden wir dazu häufig übergeordnete Begriffe wie wütend, froh, traurig, gestresst etc. aus unserem Grundwortschatz. Sie drücken eher emotionale Spektren aus, woran grundsätzlich nichts auszusetzen ist. Dennoch ist es in vielen Situationen hilfreich, wenn die Gefühle genauer bezeichnet werden.* [...] *Wer Gefühle aussprechen und gut beschreiben kann, versteht sie auch besser, kann sie besser steuern und hat eindeutig größere Chancen, besser verstanden zu werden.*
f Die Aussage „Manchen Menschen fällt es schwer, die richtigen Worte für ihre Gefühle zu finden" wird im Text als mögliches Problem aufgezeigt: *Oftmals drücken wir diese Gefühle nonverbal aus: Eine gebeugte Körperhaltung und das Vermeiden von Blickkontakt können beispielsweise Angst, Scham oder Unsicherheit signalisieren. Meist geschieht das sogar völlig unbeabsichtigt.* [...] *In unserem Alltag verwenden wir dazu häufig übergeordnete Begriffe wie wütend, froh, traurig, gestresst etc. aus unserem Grundwortschatz.*
a Die Aussage „Die Ausbildung der emotionalen Kompetenz sollte schon im Kindesalter beginnen" wird im Text als mögliche Lösung genannt: *Daher sprechen viele Psychologen, Verhaltensforscher und Pädagogen sich vehement dafür aus, schon im Kindergarten mit der gezielten Förderung der Jüngsten mithilfe von Büchern und Spielen zu beginnen. So kann den Kindern gezeigt werden, wie sie erfolgreich mit ihren und den Gefühlen anderer umgehen können.*
b Die Aussage „Ein breiter Gefühlswortschatz beeinflusst die Verhaltensregulierung" wird im Text ebenfalls als mögliche Lösung genannt: *Wer Gefühle aussprechen und gut beschreiben kann, versteht sie auch besser, kann sie besser steuern und hat eindeutig größere Chancen, besser verstanden zu werden. Die Ausbildung unseres emotionalen Wortschatzes kann also positiv zur Entwicklung unserer emotionalen Kompetenz beitragen und unsere allgemeine Zufriedenheit und Lebensqualität nachhaltig beeinflussen.*

Aufgabentyp 7

Lösung: Sätze 1, 3 und 7

Zusammenfassung
[1] Viele Menschen in Deutschland können nach dem Besuch der Grundschule weder lesen noch schreiben. [2] Allerdings ist ihre Anzahl im Zeitraum von 2010 bis 2018 erheblich zurückgegangen. [3] Insgesamt gehören anteilig deutlich mehr Frauen als Männer zu dem ermittelten Personenkreis. [4] Auffällig ist die hohe Korrelation zwischen geringer Lese- und Schreibkompetenz und niedrigem Schulabschluss. [5] Dennoch meistern auch diese Menschen ihren Alltag. [6] Vermeidungsstrategien ermöglichen ihnen, nicht aufzufallen. [7] Um das Problem zu beheben, bietet die *Stiftung Lesen* Kurse zur Alphabetisierung an. [8] Das Projekt unterstützt bei der Beratung der Eltern. [9] Dieses Hilfsangebot wird jedoch nicht von allen angenommen.

1 ist falsch. Weder im Text noch in der Grafik gibt es Angaben zur Lese- und Schreibfähigkeit nach dem Besuch der Grundschule.
3 ist falsch. Laut den Angaben in der Grafik gehören mit 58,4 % deutlich mehr Männer als Frauen zu dem ermittelten Personenkreis.
7 ist falsch. Im Text steht, dass die Stiftung Lesen im Projekt Eltern Lesen Lernen *Fach- und Lehrkräfte in Kitas und Grundschulen in einer gezielten Maßnahme dazu ausbildet, Lese-Schreib-Schwächen bei den Eltern festzustellen, sie zum Lernen zu ermutigen und ihnen Schulungsangebote vorzustellen, die sie bedarfsgerecht und kostengünstig dabei unterstützen, besser lesen und schreiben zu lernen.*

Hören

Alle Audio-/Videotexte finden Sie mit dem Code **hixuye** unter www.cornelsen.de/webcodes.

Aufgabentyp 1

Lösungen (vgl. Audioskript, Track 2):
1 Erstsemester / das erste Semester / Semester 1 – **2** Vorbesprechung –
3 512 – **4** Online-Vorlesung – **5** 4. Semester / vierten Semester

Aufgabentyp 2

Mögliche Lösungen (vgl. Audioskript, Track 3):

Herr Huber	
Ziel	**Maßnahme**
Barrierefreiheit in allen öffentlichen Gebäuden	*(Einbau von) Aufzüge(n), automatische(n) Türen, Rampen*
Frau Jackisch	
Ziel	**Maßnahme**
Barrierefreiheit für alle, auch für Menschen, die nicht (gut) hören oder sehen können	*barrierefreie Webseiten, barrierefreie Warn- und Notrufsysteme (für Menschen, die nicht (gut) sehen oder hören können)*

Herr Huber:
Ziel: *[...] werden also alle öffentlichen Gebäude unserer Gemeinde, barrierefrei sein, damit endlich auch Menschen mit Mobilitätseinschränkungen [...] am öffentlichen Leben teilnehmen können!*
Maßnahme: *Im Rathaus, im Gemeindezentrum und auch in allen Schulen werden automatische Türen, Rampen und Aufzüge installiert.*
Frau Jackisch:
Ziel: *[...] Das ist aber, wie gesagt, nur eine Gruppe, die unsere Unterstützung braucht, um gleichberechtigt mit anderen am Alltagsleben teilzuhaben. Was aber passiert mit den anderen? Was tun Sie zum Beispiel für die Menschen, die nicht oder nur eingeschränkt sehen oder hören können?*
Maßnahme: *[...] wann Sie sich endlich für barrierefreie Webseiten in leichter Sprache für alle Ämter und für Warn- und Notrufsysteme für Menschen mit den gerade vor mir genannten Einschränkungen in öffentlichen Gebäuden einsetzen.*

Aufgabentyp 3

Lösungen (vgl. Audioskript, Track 4): Satz 2 und Satz 4

Satz 2: *Erst nach 50 Jahren kann ein Megatrend benannt werden.* Die Aussage ist falsch, weil in dem Vortrag gesagt wird, dass Megatrends früh erkannt werden können: *Solche Megatrends mithilfe wissenschaftlicher Methoden schon früh zu erkennen* [...]
Satz 4: *Wie die alltäglichen Trends im Konsumverhalten und die Trends in der Modebranche zeichnen sich auch die Megatrends durch ihre Kurzlebigkeit aus.* Die Aussage ist falsch, da im Vortrag gesagt wird, dass Megatrends von langer Dauer sind: *Generell gilt, dass ein Megatrend sind umso verlässlicher ist, je länger er andauert. Man geht von einer Spanne von mindestens 25 bis 50 Jahren aus.*

Aufgabentyp 4

Lösungen (vgl. Videoskript, Video 1): 1 keiner – 2 Herr Moll – 3 beide – 4 beide – 5 Frau Senn – 6 Herr Moll

1 **Verbote sind die beste Lösung.**
keiner: Weder Frau Senn noch Herr Moll sind dieser Meinung. Herr Moll gibt zwar an, dass er in diesem Fall für ein Verbot ist, Verbote jedoch grundsätzlich eher ablehnt.

2 **Der Zusammenhang zwischen Übergewicht bei Kindern und Süßwarenkonsum ist statistisch belegt.**
Herr Moll: „Na ja, wenn man sich mal vor Augen hält, was die Werbespots und auch die bunten Verpackungen den Kindern andauernd suggerieren, dann ist es doch kein Wunder, dass der Konsum an Süßwaren parallel zum Übergewicht schon im Vorschulalter kontinuierlich steigt. Die Statistiken kennen Sie ja vielleicht."

3 **Kinder werden von den Herstellern zum Konsum von Süßigkeiten veranlasst.**
Herr Moll: „Mich ärgert es jedenfalls, wenn gerade die Jüngsten schon bewusst und, ja, lassen Sie mich das in aller Klarheit so sagen, aus Profitgier von der Süßwarenindustrie dazu verführt werden, bei jeder Gelegenheit zu Schokolade, Eis oder Limo zu greifen."
Frau Senn: „Das ist leider richtig."

4 **Nicht nur Zucker, sondern auch zu viel Fett und Salz sind ungesund.**
beide: Frau Senn: „Natürlich sind neben Zucker, da stimme ich Ihnen ja zu, auch bestimmte Fette und auch zu viel Salz gesundheitsgefährdend" **Herr Moll:** „Die Worte Zucker, Salz oder Fett habe ich jedenfalls noch in keinem Werbespot gehört."

5 **Gesunde Ernährung beginnt in der Familie.**
Frau Senn: „[...] dann müssen wir uns doch in erster Linie an die Erwachsenen wenden, die die Pausensnacks für die Kleinen vorbereiten. Und gerade deshalb bin ich sicher, dass es mehr Aufklärung und Programme, die sich in erster Linie an Eltern und Großeltern richten, geben muss."

6 **Mehr Aufklärung ist kein zielführender Lösungsansatz.**
Herr Moll: „Und das soll funktionieren? Das kann ich mir nicht vorstellen."

Aufgabentyp 5

Lösungen (vgl. Videoskript, Video 2):

1 Zwei Vorteile von mRNA im Vergleich zu anderen Impfungen:	Einfache Herstellung und kostengünstige Produktion

2 Grund für die schnelle Entwicklung der mRNA-basierten Impfung:	*Existierendes (Vor-)Wissen aus der Forschung*
3 Widerlegte Befürchtung von mRNA-Kritikern:	*mRNA kann das Erbgut/die DNA verändern*
4 Reaktion des Körpers auf eine Virusinfektion nach der Impfung:	*Immunsystem erkennt Virus/wehrt sich gegen das Virus*

1 wird zu Beginn genannt: „Besonders im Hinblick auf die Pandemie spielten gegenüber anderen Impfungen zwei Faktoren eine wichtige Rolle, nämlich, dass mRNA im Labor einfach hergestellt werden kann und außerdem ist die Produktion auch noch kostengünstig. Beides wichtige Vorteile, die nicht von der Hand zu weisen sind."
2 wird später genannt: „Und diesen Vorsprung, also das bereits existierende Wissen aus dieser Forschung, hat man bei der schnellen Entwicklung der mRNA-basierten Impfung gegen Covid 19 genutzt."
3 wird sogar zweimal benannt, einmal zu Beginn und dann gegen Ende des Vortrags: „Einigen Menschen ging das aber alles viel zu schnell. Vor allem, weil sie Angst hatten, dass die wissenschaftlichen Studien noch nicht ganz ausgereift sein könnten und weil sie Veränderungen des Erbguts, also der DNA durch die Impfung befürchteten. Aus wissenschaftlicher Sicht ist dieser Einwand allerdings nicht begründet, denn die DNA liegt sicher im Zellkern und ist daher für die mRNA nicht erreichbar." und „Ganz wichtig hierbei ist, dass die Befürchtung der Kritiker*innen unbegründet ist. Die mRNA kann bei der Impfung nicht in den Zellkern vordringen, in dem die DNA, also unser Erbgut, liegt. Die DNA kann durch eine mRNA-basierte Impfung ausdrücklich nicht verändert werden."
4 wird im Vortrag wie folgend erklärt: „In diesem Fall handelt es sich um einen Teil des Virus, das sogenannte Spike-Protein. Dieser Teil ähnelt dem Virus und wird vom Körper als fremd erkannt. Deshalb beginnt der Körper, sein Immunsystem gegen das Virus, in diesem Fall Covid 19, zu trainieren. Das Immunsystem hat ein gutes Gedächtnis. Daher funktioniert die Virusabwehr bei geimpften Menschen im Fall einer Infektion schneller [...]"

Aufgabentyp 6

Lösungen (vgl. Audioskript, Track 5):

1 In der Vorlesung ...

- a werden medizinische Heilverfahren vorgestellt.
- b werden neuste Entwicklungen in der Diagnostik vorgestellt.
- c werden physikalische Grundsätze eingeführt.
- [X] d wird die Geschichte der Medizintechnik behandelt.

d ist richtig: „In unserer ersten Vorlesung zur Einführung in die Geschichte der Medizintechnik soll es heute um die Entwicklung bildgebender Verfahren gehen."

2 Mit modernen Verfahren in der Gerätemedizin können Ärzt*innen ...

- [X] das Körperinnere sichtbar machen.
- **b** hohe Behandlungskosten vermeiden.
- **c** Patient*innen zu Hause untersuchen.
- **d** innere Verletzungen verhindern.

a ist richtig: „Also konkret um Verfahren aus den letzten circa 130 Jahren, die es uns ermöglichen, das Körperinnere mittels Strahlung, Schall- oder Magnetwellen abzubilden, also gewissermaßen das Verborgene und daher Unsichtbare sichtbar zu machen."

3 Das Röntgenverfahren mit X-Strahlen ...

- **a** sollte heute nicht mehr zur Anwendung kommen.
- **b** wird heutzutage als zukunftsweisend angesehen.
- **c** hatte die Einführung von Magnet- und Schallwellen zur Folge.
- [X] kann gesundheitliche Schäden verursachen.

d ist richtig: „Ganz ohne Gefahren für die Gesundheit, das wissen wir jetzt, sind die Röntgenverfahren nicht. Es kann die DNA schädigen."

4 Der sogenannte Schallkopf ...

- **a** ist eine Entdeckung eines österreichischen Wissenschaftlers.
- **b** wurde ebenfalls schon im 19. Jahrhundert eingesetzt.
- [X] sendet digitale Aufnahmen an einen Monitor.
- **d** dient der Umwandlung von Röntgenstrahlen.

c ist richtig: „Heutzutage wandelt der sogenannte Schallkopf am Ultraschallgerät bei diesem Verfahren elektrischen Strom in Schallwellen um, die mehr oder weniger tief in das Gewebe eindringen. Die so erzeugten Bilder werden während der Untersuchung live auf einen Monitor übertragen."

5 Welcher Titel fasst die Inhalte der Vorlesungsreihe am besten zusammen?

- **a** Biografien großer Erfinder in der Medizintechnik
- [X] Entwicklung bildgebender Diagnostik in der Medizin
- **c** Sicherer Umgang mit medizinischen Diagnosegeräte
- **d** Zukunft medizinischer Diagnoseverfahren

b ist richtig: „In unserer ersten Vorlesung zur Einführung in die Geschichte der Medizintechnik soll es heute um die Entwicklung bildgebender Verfahren gehen."

Aufgabentyp 7

Lösungen (vgl. Audioskript, Track 6):

Prüfungsangst

kennen
Unter
kreisen

Egal, ob vor einer Führerscheinprüfung, einer Abiturklausur oder einem Vokabeltest: Nicht wenige Menschen können das alte Lied von der Prüfungsangst. Dabei spielen das Alter und die Lebenserfahrung keine Rolle. Und Umständen kann sie unüberwindbar scheinen und zu einer großen Last werden. Dann reisen die Gedanken tagelang nahezu pausenlos nur um die bevorstehende Prüfung. Und das kann sowohl ernsthafte Folgen für das psychische Befinden als auch für die Gesundheit haben. Verschiedene Langzeitstudien zum Thema haben eine Reihe von Strategien identifiziert, die sich bei leichter Prüfungsnervosität gewehrt haben und die man kennen sollte: Beginnen Sie früh genug mit den Vorbereitungen, wiederholen Sie das Gelernte regelmäßig, essen und schlafen Sie gut vor der Prüfung und machen Sie ein paar Entspannungsübungen.

bewährt

Schreiben

Aufgabentyp 1

Beispiel-Notizen:

positive Aspekte:	Begründung/Folge
– Home-Office kostengünstig für Unternehmen	– weniger Geld für Büros, Energie, Heizung, Reinigung etc.
– kein langer Arbeitsweg	→ Folge: Angestellte haben weniger Stress / mehr Zeit für Familie, Freunde, Hobbys etc.
– zufriedenere u. motiviertere Angestellte	– mehr Flexibilität (Arbeitszeit + Freizeit) im Home-Office

negative Aspekte:	Begründung/Folge
– fehlende technische Ausstattung im Home-Office	– Notebook, Drucker etc. nicht vorhanden → einmalige Kosten für Unternehmen steigen!
– Sicherheitsrisiko	– Nutzung von privaten Geräten und Netzwerken
– keine klaren Grenzen zwischen Arbeit und Freizeit	– Arbeit auch nach Feierabend → häufiger Überarbeitung bei Angestellten: längere Ausfälle durch Krankheit!

Beispieltext (mind. 200 Wörter):

Arbeit im Home-Office
Die Arbeit im Home-Office kann für ein Unternehmen sowohl Vor- als auch Nachteile haben. Zu den positiven Aspekten gehören die niedrigeren Betriebskosten, denn die Unternehmen sparen unter Umständen nicht nur die Miete, sondern in jedem Fall auch die Ausgaben für Strom, Heizung und Reinigung, um nur die wichtigsten Beispiele zu nennen. Andererseits entstehen den Unternehmen durchaus auch Kosten für die Anschaffung von Geräten und Software, sofern im Home-Office beispielsweise kein Notebook oder Drucker vorhanden oder die Nutzung privater Geräte und Netzwerke zu riskant ist. Allerdings ist zu bedenken, dass die Betriebskosten regelmäßig eingespart werden, während die Ausstattung im Home-Office in der Regel einmalig angeschafft wird.
Ähnlich verhält es sich auch mit der größeren Flexibilität im Home-Office. Ohne den stressigen Weg zur Arbeit beginnen die Angestellten ihren Arbeitstag zu Hause entspannter. Sie haben neben der Arbeit auch mehr Zeit für Familie, Freunde und Hobbys. Viele sind daher im Home-Office zufriedener und motivierter. Allerdings kommt es zu Problemen für die Unternehmen, wenn einige Angestellte im Home-Office keine Grenzen zwischen Arbeit und Freizeit setzen und auch nach Feierabend noch weiterarbeiten. Obwohl sie eigentlich mehr Zeit für Familie und Hobbys hätten, kommt es dann häufiger zu Überarbeitung. In der Folge fallen die Angestellten für längere Zeit krankheitsbedingt aus.

Aufgabentyp 2

Beispiel-Notizen:

Ursachen	Folgen:
T: Pandemie	→ geringere Ansteckungsgefahr
G: immer genug Geld dabei	→ Zahlen ohne Bargeld (Karte/Bezahl-App)
G: einfache Bedienung / Zeitersparnis / größerer Schutz vor Diebstahl (PIN etc.)	→ Zunahme bargeldloser Zahlungen
T: Sicherheitsbedenken	
– Daten	→ Rückkehr zum Bargeld
– Diebstahl von Bargeld	→ Zahlung mit Karte etc.

T = Text; G = Grafik

Beispieltext (100–150 Wörter):

Als eine Ursache der zuletzt zunehmenden bargeldlosen Zahlung in Deutschland nennt der Text die Corona-Pandemie. Demnach hat das kontaktlose Bezahlen mit Karte oder Handy den Vorteil, dass es die Ansteckungsgefahr reduziert. Auf diesen Punkt geht die Grafik allerdings gar nicht ein. Vielmehr wird in der Grafik deutlich, dass der Wunsch von immerhin 40,4 % der Befragten, jederzeit genug Geld dabei zu haben, die Hauptursache für die Zunahme der Bezahlung ohne Bargeld ist. Auf den Plätzen zwei und drei folgen der einfache Gebrauch von Karten und Bezahl-Apps und die Zeitersparnis beim Bezahlen.

In Fragen der Sicherheit gehen die Meinungen, so der Text, auseinander. Während die einen die bargeldlose Zahlung eher ablehnen, weil sie um die Sicherheit ihrer Daten fürchten, argumentieren die anderen, dass Bargeld nicht sicher ist, weil es leichter gestohlen werden kann. Dennoch gaben laut der Grafik in der Befragung nur 6,7 % an, dass sie die Kartenzahlung aus Sicherheitsgründen bevorzugen.

Sprechen

Alle Audiotexte finden Sie unter www.cornelsen.de/webcodes mit dem Code **hixuye** zum Download.

Aufgabentyp 1

Beispiel-Notizen:

Gespräch mit Freund: Du!

vor der Sprechstunde:
- *Referat in Stichpunkten skizzieren (Struktur)*
- *Fragen notieren*

in der Sprechstunde:
- *sagen, worum es geht: Referat/Thema*
- *Struktur kurz vorstellen*
- *Fragen stellen*
- *Notizen machen*

Aufgabentyp 2

Beispiel-Notizen:

Gespräch mit Kommilitonin: Du!

Kommilitonin:
- gegen Einführung einer Frauenquote

persönliche Meinung:
- auch dagegen → Zustimmung

Vorteile:
- bessere berufliche Chancen für Frauen
- Perspektivwechsel in der Wissenschaft möglich

Nachteile:
- Frauenquote wichtiger als Leistung und Qualifikation
- negative Auswirkung: besser qualifizierte Männer werden nicht eingestellt
- diskriminierend gegenüber Männern
- Zunahme der Vorurteile gegenüber Frauen in Forschung und Lehre
  > Stelle aufgrund von Quote

Persönliche Meinung + Begründung:
- mehr Nach- als Vorteile!
- Einführung Frauenquote ≠ mehr Gleichberechtigung
- freiwillige Gleichberechtigung besser

Aufgabentyp 3

Beispiel-Notizen:

- Text/Thema: Sinn im Leben durch Arbeit/Geld
- aktuell: steigende Anzahl unzufriedener Menschen mit gutem Einkommen
- Grund: finden ihre Arbeit nicht/wenig sinnvoll
- früher: Arbeiten für Lebensunterhalt, Wohlstand und Konsum
- heute: nicht Wohlstand, sondern soziale Werte immer wichtiger

ABER:
- Tätigkeiten in sozialen Berufen zwar sinnvoll(er), aber nicht gut bezahlt
- viel/mehr Geld macht nicht alle glücklich: bei geringem Gehalt evtl. positiv > mehr Geld für Miete etc. positiv; keine Änderung bei hohem Einkommen

Fazit des Textes:
- Erwerbsarbeit muss nicht glücklich machen
- Arbeit nur Teil des Lebens: andere Bereiche (Familie, Ehrenämter) sorgen auch für Sinn im Leben

Aufgabentyp 4

Beispiel-Notizen:

Kommilitonin:
- Katzen Hauptursache für Vogelsterben, nicht Windkraft

Stellungnahme:
- richtig: Faktor Windräder (0,4 %) spielt sehr geringe Rolle; gilt auch für Stromleitungen (1,4 %)
- falsch: Katzen (10,3 %) nicht Hauptursache, sondern Fenster u. Glasscheiben (größte Gefahr für Vögel: 51,7 %) u. Verkehr (Straße + Bahn: 36,3 %)!
- also: weniger Fenster u. Glasscheiben gegen Vogelsterben am sinnvollsten
- weniger Transport/Verkehr nicht denkbar; aber evtl. besserer Vogelschutz an Verkehrslinien möglich?
- weniger Katzen auch Teil der Lösung

Aufgabentyp 5

Beispiel-Notizen:

Einführung:
- Leben ohne Elektrizität heute unvorstellbar >Stromversorgung weltweit wichtiges Thema!

Aufbau Präsentation
- Beginn: zeitlicher Überblick zur Situation
- Probleme/Folgen d. Einsatzes fossiler Energien
- aktuelle Alternativen

Überblick:
- Energiebedarf vor 50 Jahren vergleichsweise gering > global nie so hoch wie heute > in Zukunft noch höher:
  - > immer mehr elektrische Geräte
  - > zunehmende industrielle Produktion
  - > wachsende Digitalisierung + Automatisierung

Probleme:
- Gewinnung von Energie aus fossilen Quellen (Öl + Gas)
  - > begrenzt
  - > teuer
  - > klimaschädlich

Lösungsansätze:
- Alternative Energiequellen (Wind, Wasser + Sonne) > günstiger, klimafreundlicher

Aufgabentyp 6

Beispiel-Notizen:

Kommilitonin: Pflege von Familienangehörigen sollte bezahlt werden!

ihre Argumente:
- Pflege > harte Arbeit
- Mutter gab Job für Pflege auf > jetzt weniger Rente
- Mutter hat aber (zu Hause) gearbeitet! > Pflege
- Mutter: kein Arbeitgeber > keine monatl. Rentenbeiträge
- kein Einzelfall!

mein Standpunkt:
- stimme Kommilitonin zu:
  - Pflegende dürfen keine Nachteile haben!
  - Pflege von Angehörigen muss bezahlt werden!

Begründung:
- ohne Rentenbeiträge > später finanzielle Probleme

Aufgabentyp 7

Beispiel-Notizen:

Maßnahme:
- Mensa stellt auf Bio um > Preise für Essen und Getränke steigen

Kritik:
- Mensapreise für Studierende jetzt schon sehr hoch!
- Studierende: definitiv kein Verständnis für Preiserhöhung!

Begründung:
- allgemein steigende Kosten (Miete, Bustickets etc.) > wenig Geld

Gegenvorschläge:
- mehr günstige regionale Produkte (Obst + Gemüse)
- weniger teure Bioprodukte (Fleisch + Fisch)
- Wasser kostenlos